Maximilian Sohr

Trendelenburg und die dialectische Methode Hegels

Ein kritischer Versuch

Maximilian Sohr

Trendelenburg und die dialectische Methode Hegels
Ein kritischer Versuch

ISBN/EAN: 9783743610521

Hergestellt in Europa, USA, Kanada, Australien, Japan

Cover: Foto ©Thomas Meinert / pixelio.de

Manufactured and distributed by brebook publishing software (www.brebook.com)

Maximilian Sohr

Trendelenburg und die dialectische Methode Hegels

TRENDELENBURG
UND DIE
DIALECTISCHE METHODE HEGELS.

EIN KRITISCHER VERSUCH,

VERFASST UND BEHUFS

ERLANGUNG DER PHILOSOPHISCHEN DOCTORWÜRDE

MIT GENEHMIGUNG

DER HOHEN PHILOSOPHISCHEN FACULTÄT

DER KÖNIGLICHEN UNIVERSITÄT HALLE-WITTENBERG

am 23. December 1874 11 Uhr früh

IN DER AULA DER UNIVERSITÄT

GEGEN DIE HERREN:

J. v. KARWOWSKI, DR. MED.
R. BRAXATOR, DR. PHIL.,
Gymnasiallehrer in Kattowitz.
R. MISCHER, CAND. MATH.
B. PUDZMENSKY, STUD. PHIL.

ÖFFENTLICH ZU VERTHEIDIGEN

VON

MAXIMILIAN SOHR.

HALLE A. D. SAALE.

DRUCK VON J. F. STARCKE IN BERLIN.

DEM

ANDENKEN MEINES VATERS.

Οὐ μόνον δὲ χάριν ἔχειν δίκαιον τούτοις, ὧν ἄν τις κοινώσαιτο ταῖς δόξαις, ἀλλὰ καὶ τοῖς ἐπιπολαιοτέρως ἀποφηναμένοις· καὶ γὰρ οὗτοι συνεβάλοντό τι· τὴν γὰρ ἕξιν προήσκησαν ἡμῶν.

Aristot. Metaph. II. I.
(l. min. 1. ed. Bekker.)

Trendelenburg wird als Hauptrepräsentant derjenigen Richtung in der neuesten Philosophie angesehen, welche im Gegensatze zu selbständiger Systembildung und zum Anschluss an ein bestimmtes System die historische genannt wird,[1]) insofern für sie die Philosophie nicht *in jedem Kopfe neu ansetzen und wieder absetzen, sondern geschichtlich die Probleme aufnehmen und weiter führen*[2]) muss, wenn sie Dauerndes erreichen will. Der Vortheil, den sie dadurch vor den übrigen philosophischen Verfahrungsarten voraus hat, liegt auf der Hand: es ist der durch *die Kritik einseitiger Doktrinen* gewonnene *gesicherte Grund*, der dem eindringenden Irrthum wenigstens eine Thür verschliesst: die dem Menschen eingeborene *liebende Pietät* gegen eigene und vom Meister ererbte Mängel. Freilich kann die Kritik einseitiger Doktrinen selbst einseitig sein und so dergleichen Reconstruktionsversuche zur Reconstruirung desjenigen führen, was besser im Schrein der Philosophiehistorie aufgehoben bliebe; freilich ist die Nothwendigkeit nicht gegeben, dass auf dem durch gediegene Kritik gewonnenen Unumstösslichen mit gleicher Sicherheit und Consequenz fortgebaut werde; allein eine weitere Berechtigung hat die historische Forschungsweise im Gebiet der Philosophie an gewissen historischen und kulturhistorischen Bedingungen, die wie allenthalben auch in der Philosophie dem forschenden Geiste die Richtung und die Grenzen seiner Thätigkeit mit einer Art von Zwang

---

[1]) Erdmann, Gesch. d. Philos. 2. Aufl. II, 799. 807. — Ueberweg, Gesch. d. Philos. III. 2. Aufl. 323.
[2]) Trendelenburg, Log. Unters. Einleitung VIII.

anweisen. Dass in der Jetztzeit die Bedingungen für systembildende philosophische Thätigkeit nicht vorhanden sind, hat Haym[3]) nachgewiesen. Die Thatsache, dass kein neues System seit Hegel erstanden ist, und die Versuche systematischen Philosophirens nicht Epoche gemacht haben, bestätigt es. — Einzelne Aeusserungen Trendelenburg's charakterisiren nun Absicht und Methode der historischen Philosophie. Sie ist zufrieden, *wenn nur Philosophisches gewonnen wird*, nicht Philosophie als wissenschaftliche Totalität (Log. Unters. I. 3); sie begnügt sich nicht mit dem Kampf gegen *Thatsachen, die sich dem Gedanken nicht ergeben wollen*, sondern nimmt auch den *gegen Meinungen, die sich entgegenstellen*, auf (Einl. VIII.); sie strebt nicht nach *individueller Eigenart und falscher Originalität*, nicht nach einem *neu formulirten Princip*, sondern ergiebt sich der *tieferen Untersuchung der Grundbegriffe* und folgt *der geschichtlichen Entwickelung der grossen Gedanken in der Menschheit* (ebenda IX—X.), immer freilich auf *eigenem Wege*. Indessen würde es ein Irrthum sein anzunehmen, dass die Philosophie dieser Richtung zum Fundament ihres Philosophirens schlechtweg nur die aus einer absichtslosen Kritik des Ueberkommenen erzielten Resultate verwende. Weder ist dies Fundament das einzige, noch ist die Kritik, durch die es gewonnen wird, eine rein objektive. Beides würde der menschlichen Natur widersprechen, die nach Selbständigkeit und Selbstthätigkeit, nach einem *eigenen Wege* ringt, und eine Welt-Anschauung wäre eine contradictio in adjecto, wenn sie nur aus den Abstraktionen philosophischer Vorgänger zusammengeborgt wäre. Jedes Individuum hat gewisse ihm eigenthümliche Anschauungen, Meinungen und Principien; wer kann sagen, woher sie in ihrer Subjektivität stammen? Aber sie sind so fest mit der Persönlichkeit verwachsen, dass man sie nur mit dieser selbst auslöschen kann. Eben sie bringt der Kritiker trotz besten Willens objektiv zu sein an seine Kritik mit heran, und letztere steht unter ihrem Einfluss; sie mischt er bald unvermerkt, bald absichtlich unter sein philosophisches Material, welches ihm die

---

[3]) Haym, Hegel und seine Zeit. S. 356.

Kritik der Vorgänger und Gegner geliefert hat; solche Selbstthätigkeit durchdringt sein ganzes Philosophiren, wie dieses jene; es ist eine unausgesetzte Wechselwirkung, der wir schliesslich das gewonnene *Philosophische* verdanken; es ist nicht blos gebessert, sondern geändert, nicht nur untersucht, sondern geschaffen, nicht nur kritisch, sondern positiv philosophirt worden.

Hiermit ergiebt sich ein doppelter Gesichtspunkt, von dem aus ein Werk jener historischen Richtung betrachtet, von dem aus namentlich eine Untersuchung seines kritischen Verfahrens angestellt werden kann. Macht man das Positive des Verfassers zur Hauptsache, so ergiebt sich die Frage, wie es sich mit den gegentheiligen Absichten der kritisirten Forscher abgefunden habe, und ob es im Verhältniss zu ihnen und an sich zu Recht besteht. Geht man von dem kritisirten System aus, so bieten sich dessen Hauptpunkte, namentlich die zumeist angegriffenen, als natürliches Eintheilungsschema für die Betrachtung. Allein eine solche Trennung der Erörterungskreise hat ihre Nachtheile; vor Allem zwingt sie zu Wiederholungen. Theilen wir z. B. unsere Aufgabe nach Trendelenburg's[1]) Hauptprincipien: Anschauung, Bewegung und Zweck und erörtern dieselben erst im Bereich des *reinen Denkens*, dann der *Negation*, der *Identität*, des *immanenten Zusammenhangs* u. s. f., so gewinnt das Ganze allerdings den Anblick eines sehr regelmässigen Baues mit so und so viel Stockwerken zu so und so viel Zimmern. Aber in diesem Bau wiederholen sich die Verhältnisse und Einzelnheiten von unten bis oben. Es scheint daher zweckmässig beide Schemata zu verbinden, die Haupteinwände Trendelenburg's und die Hauptangriffsobjekte derselben bei Hegel, jeden für sich zu betrachten, wo sich dann die Wiederholungen auf ein möglichst geringes Maass einschränken lassen. Aus der Untersuchung selbst wird es sich rechtfertigen, warum ein Hegelsches Element, das *reine Denken*, den Anfang macht, zwei Trendelenburgsche folgen, nämlich *Bewegung* und

---

[1]) Der vorliegende Versuch bezieht sich nur auf die Logischen Untersuchungen, da sich Die logische Frage in Hegel's System auf die Abwehr der Antikritiken der Hegelianer beschränkt.

Anschauung, dann wieder mit *Negation, Identität* u. s. w. Hegel zur Norm wird, bis das Ganze mit dem Hegel-Trendelenburgschen *Zweck* seinen Abschluss findet.

Vom reinen Denken.

Es giebt, sagt Trendelenburg (log. Unt. II. 490), *für uns Menschen kein reines Denken; denn wie eine Seele ohne Leib, hätte es ohne Anschauung kein Leben, sondern nur ein geisterhaftes, gespenstisches Dasein.*

Der Ausdruck *reines Denken* stammt aus der Hegelschen Terminologie. Was hat er zu bedeuten? Ein sich wirklich *von der Anschauung lossagendes* Denken? Oder hat Trendelenburg, wie die Hegelianer ihm vorwerfen, dem Hegelschen Ausdrucke einen unhegelschen Sinn untergeschoben. Und ist es wahr, dass sich *das Denken selbst tödtet*, wenn es sich von der Anschauung lossagt? Was die letzte Frage betrifft, so ist nach Trendelenburg Anschauung und Denken unzertrennlich. Aber doch verschieden, doch zweierlei? — Wenn das, so fragt es sich: wo ist die Grenze zwischen ihnen?

Die formale Logik antwortet hierauf; nach ihr bildet sich durch die Wiederholung der Anschauung zunächst die Vorstellung; sie ist innere, d. h. nicht von aussen, sondern durch die Erinnerung (eine dem Denken heterogene Thätigkeit des Geistes) vermittelte Anschauung, bei der die Denkthätigkeit weder aktiv noch passiv betheiligt ist;[5] denn auch der Denkunfähige (das unmündige Kind; Blödsinnige; Thiere) hat Vorstellungen. Der Begriff erst, aus der Vorstellung auf eigenthümlichem Wege erwachsend, ist

---

[5] Die Theilung der Vorstellungen in Wahrnehmungsvorstellungen und Vorstellungen des Denkens bei v. Kirchmann, Philos. Biblioth. I. 11 ist nicht zu billigen, so lange nicht dargethan ist, welcher Unterschied zwischen letzteren und den Begriffen obwaltet. In der That sucht man bei K. diesen Unterschied vergebens; dass aber der Begriff nicht vorstellbar, mithin nicht Vorstellung ist, wird unten zur Sprache kommen.

das Characteristicum der normalen Denkthätigkeit. Dieser aber entsteht aus den Vorstellungen durch Zergliedern derselben und durch Zusammenfassen der ihnen gemeinsamen Merkmale; es ist also das Denken ein Ordnen⁶) der Vorstellungen, oder, inwieweit man die Vorstellungen als der Wirklichkeit entsprechend ansieht, ein Ordnen des gegebenen Realen. Das Ordnen kann sich nun allerdings nicht bethätigen ohne ein zu Ordnendes; es liegt in dem Worte selbst der Begriff eines Verhältnisses, einer Beziehung, zu der der andere Theil fehlen würde, wenn man die Begriffe, als die Resultate der Anschauung, beseitigt.

Allein die Beobachtung lehrt, dass nicht einmal die Resultate dieser ordnenden Thätigkeit vorgestellt werden können. Der Begriff bereits ist schlechthin nichts Vorstellbares.⁷) Man versuche nur sich den Begriff Pferd vorzustellen, d. h. ohne Alter, Farbe und Geschlecht etc. daran zu bestimmen, wie dies der Begriff erheischt; es ist unmöglich: wir können uns nur entweder eine Stute oder einen Hengst, einen Schimmel oder Fuchs oder Rappen u. s. w. vorstellen; wir können den Begriff des Pferdes mit mehr oder weniger Genauigkeit zergliedern, seine Merkmale aufzählen u. s. w. Aber sie in eine Vorstellung zu vereinigen ist

---

⁶) In diesem Sinne nennt Ulrici, System d. Logik S. 10 ff. als specifisches Kennzeichen des Denkens das Unterscheiden. Auch das *Allgemeine*, welches Hegel, Encycl. §. 20, und Erdmann, Grundr. d. Log. §. 5, als Produkt des Denkens bezeichnen, kann nur durch ein Ordnen gewonnen werden; es ist die Quintessenz der aristotelischen Topik. Nicht minder ist Haym's (Hegel u. s. Z. S. 314 vgl. S. 247) *Isoliren* eine ordnende Thätigkeit. (Man wird daher dem Satze Hegel's, Encycl. §. 22 Zus.: *Dasjenige, was beim Nachdenken herauskömmt, ist ein Produkt unseres Denkens,* nur so weit zustimmen können, dass die Verbindungs- oder Trennungsform des nicht vom Denken producirten Realen als ein Produkt des Denkens gelten darf. Das Band ist neu, das Verbundene nicht. Deutlich ist dies in der §. 23 folgenden Erklärung nicht ausgesprochen.) Ferner nennt Hobbes, Leviath. c. 5, *Vernunft die Fähigkeit zu addiren und zu subtrahiren* u. s. w. Vgl. auch Plato, Phaedr. S. 249 B.

⁷) Hegel, Encycl. §. 24 Zus. 1: *Die sinnliche Empfindung hat es immer nur mit einem Einzelnen zu thun.* Vgl. Erdm., Gr. d. Log. §. 192 Anm. 2. — Ulrici, Syst. d. Log. S. 454.

unmöglich.[8]) Und doch ist das Begriffbilden die erste und hauptsächlichste Thätigkeit des Denkens; und doch kann der Begriff ohne Hülfe des Denkens nicht zu Stande kommen, weil zwischen Vorstellen und Denken kein weiteres vermittelndes Geistesvermögen mitten inne steht;[9]) und doch operirt das Denken und (namentlich) die Sprache mit diesen *geisterhaften*, *gespenstischen* Schatten, indem sie die Schatten der Schatten auffängt und vom Abstrakten immer weiter abstrahirt.

Wenn man hiernach zugeben muss, dass der Begriff nicht vorstellbar ist, geschweige denn anschaubar; und dass ferner das Denken auf den Begriff angewiesen ist, so ergiebt sich, dass entweder das Denken überhaupt unmöglich, oder aber das reine Denken möglich ist, wenn man unter demselben nur das von der Anschauung als solcher sich lossagende Denken versteht; wer daher die Möglichkeit des Denkens überhaupt nicht leugnen will, muss zugeben, dass das Denken ohne Anschauung als solche (nicht als Mutter der Vorstellung) möglich ist, und dass also Hegel, wenn die Unmöglichkeit seines reinen Denkens zu Recht bestehen soll, darunter das anschauungslose nicht gemeint haben kann.

Aus dem ersten Satze ergiebt sich, dass die Kluft zwischen Sein und Denken erst mitten im Wesen des Begriffs, mitten im Verlauf seiner Bildung sich aufthut, dass von hier an erst der problematische Charakter des Denkens überhaupt datirt. Zwar, auf welche Weise die Anschauung in uns entsteht, auf welche Weise die Anschauungen in ihrer Wiederholung die Vorstellung erzeugen; auch dies sind Probleme, die der Untersuchung über die Möglichkeit alles Denkens vorausgehen müssten. Aber sie sind kein Problem der Logik oder Metaphysik. Und das Hauptproblem bleibt immer die Frage: wie entsteht aus Vorstellbarem, d. h. (wenn auch nur innerlich) Anschaubarem ein Nichtvorstellbares, welches unsrer Natur mithin fremd ist. und mit welchem sie gleichwohl

---

[8]) Hegel, Encycl. §. 3: *Bei einem Begriffe ist nichts weiter zu denken als der Begriff selbst u. s. w.*

[9]) weil mit Hegel's (Encycl. §. 1) Worten *der denkende Geist nur durchs Vorstellen hindurch und auf dasselbe gewendet zum denkenden Erkennen und Begreifen fortgeht.*

als mit einem ihr selbst Commensurabeln und Congenuinen operirt? Diese Frage hat weder Hegel noch Trendelenburg beantwortet; sie haben sie nicht einmal aufgeworfen.

Der zweite der obengenannten Sätze führt auf die Frage, was denn nun Hegel unter dem *reinen Denken* verstanden habe. Wenn es auch für ihn, wie Trendelenburg rügt, kein Operiren mit Anschaubarem ist, was ist es dann positiv? Wie entsteht und was thut es? Und wie verhält es sich zu jenem Ordnen des Realen?

Der Begriff entsteht durch Zergliedern und Zusammenfassen, d. h. durch Abstrahiren (ἀφαιρεῖν = wegnehmen); wir nehmen den Vorstellungen ihre Merkmale (Bestimmtheiten, wie Hegel sagt) weg, um irgend etwas Neues damit anzufangen. Es ist klar, dass dieses Fortnehmen nur so lange fortgesetzt werden kann, als etwas vorhanden ist, und dass Begriffe nur entstehen können, sobald als Material dazu mindestens ein Merkmal vorhanden ist. Nun ist diese Grenze der Möglichkeit des Abstrahirens entweder wirklich vorhanden oder nicht. Ist sie nicht vorhanden, so bleibt das Denken ewig die gleiche Thätigkeit, die ins Unendliche abstrahirt, mithin in ein reines und ein nichtreines schlechterdings nicht geschieden werden kann; ist sie vorhanden, so nimmt das Denken schliesslich einmal das letzte Merkmal des Begriffs weg, und dann hört mit der Möglichkeit des weiteren Abstrahirens auch die des weiteren Denkens auf,[10]) und es ist ein Widersinn, wenn das Denken versucht, diese Grenzen zu überschreiten und jenseit derselben etwa als ein *reines* fortzuoperiren. Denn womit? Da die Begriffe seine ausschliesslichen Objekte sind, und die Grenze der Möglichkeit der Begriffsbildung verlassen ist, so entbehrt es der Objekte, und eine Thätigkeit, die sich nicht bethätigen kann, ist ein Unding.

In der That scheint Hegel unter *reinem Denken* ein solches nicht (allein) auf die Anschauung, sondern (selbst) auf die Begriffe verzichtendes Denken verstanden zu haben. Wie soll man we-

---

[10]) Vgl. was Ulrici (Ueber Princip und Methode der Hegelschen Philosophie S. 81) über das Hegelsche *Nichts* und (S. 87) über das *reine Sein* sagt.

nigstens anders verstehen die Sätze: *Das reine Sein macht den Anfang, weil es . . . . das unbestimmte einfache Unmittelbare ist; dies Sein ist die reine Abstraktion —?* [11]) Was ist denn das reine, unbestimmte, einfache Unmittelbare? Ist es ein Begriff? Wenn nicht, was ist es sonst für ein Wesen, dass das Denken mit ihm operiren soll und kann? Ist es aber ein Begriff, so ist es ein solcher ohne jegliches Merkmal (Bestimmtheit) d. h. ein unbegreiflicher Begriff, ein Unbegriff. [12])

Indem so das *reine Denken* den natürlichen Stoff der Denkthätigkeit aufgiebt, muss es sich einen andern zu seiner Bethätigung suchen; da das *frei für sich seiende Denken* dem ursprünglichen Charakter des Denkens als eines Ordnens untreu wird, (denn ein frei für sich seiendes Ordnen ist ein Widerspruch, es ist untrennbar gebunden an ein zu Ordnendes), so muss es einen andern Charakter erhalten; es wird (bei Hegel) ein schaffendes Denken, oder besser kurzweg ein Schaffen. [13]) Hier schon wird in den immanenten Gang der Dialektik ein Fremdes eingeschoben — eingeschoben? vielmehr zur Basis gemacht; allein dies Fremde ist nicht, wie Trendelenburg will, in der Anschauung begründet. Denn das *Schaffen* kann weder mit der Anschauung, noch mit der Vorstellung, noch mit sonst irgend welchem Stoff zu thun haben, da alles fälschlich sogenannte Schaffen aus gegebenem Stoff wiederum weiter nichts ist als ein Ordnen, das reine Denken aber auf allen Stoff verzichtet. Vielmehr schon, indem es sich selbst voraussetzt, ist dem angeblich begriffsfreien Denken als immanenter Charakter ein Begriff octroyirt, von dem wir nicht einmal wissen, ob ja von dem es nicht einmal wahrscheinlich ist, dass ihm ein realer Vorgang entspricht.

Was demnach Trendelenburg's Ausstellungen in Hinsicht auf die Anleihen Hegel's bei der Anschauung betrifft, so ist es zu-

---

[11]) Reine Abstraktion = reine Subtraktion, und da Abstraktion hier nicht als die Thätigkeit, sondern als das Resultat derselben anzusehen, = Subtraktion von Nichts.

[12]) *Ein Begriff, der nichts unter sich begreift, kann unmöglich ein Begriff heissen.* Ulrici, Syst. d. Log. S. 462.

[13]) Vgl. Erdmann, Grundr. d. Psychologie. §. 99.

nächst, um einen Ausdruck Erdmann's zu gebrauchen, Silbenstecherei, wenn er Hegeln den Begriff der Abstraktion desshalb nicht concediren will, weil damit das reine Denken etwas voraussetzt, das *jenseits seiner* liegt. Wenn die Entwickelung des reinen Denkens sich unter Menschen verständlich machen will, so kann sie nicht auf die einzigen und allgemeinsten Mittel der Verständigung verzichten. Sie will es auch gar nicht und behauptet es nicht. Seine Basis, gleichviel, was sie in Wirklichkeit s e i, ist eben das, was w i r Abstraktion n e n n e n; wie soll das reine Denken verstanden werden, wenn es sich nicht der allgemein gültigen Begriffe und Ausdrücke bedient. Wenn es auch in unserem Verständniss nur das posterius zu diesen Begriffen bilden kann, so liegt dies in der menschlichen Natur, beweist aber nicht, dass es nicht in Wirklichkeit das prius bilde. Auch das Denken muss lernen. Und wie der Lehrling hundert Arbeiten verpfuschen muss, um ein tüchtiger Meister zu werden, so mag auch das Denken auf seinem realen Wege die unerlaubtesten Sprünge machen, wenn es nur endlich lernt, auf dem logischen geradeaus zu gehen. Hegel will ja nicht erweisen, dass das Denken in Wirklichkeit, in praxi, sondern, dass es l o g i s c h den von ihm in der Dialektik gezeichneten Weg gehen müsse. Um aber den logischen Weg dem Denken zu ebnen, muss er ihn gleichsam mit den Steinen des realen Weges pflastern, auf denen das Denken allein vorwärts zu kommen vermag. Nicht also, dass das reine Denken seine Grundthätigkeit mit einem uns nur verständlichen, aber auch nur von uns (nicht von ihm) aus der Wirklichkeit abdestillirten Begriff bezeichnet, ist tadelnswerth, sondern dass es diesen Begriff über die Grenzen hinaus zuspitzen will, die ihm wie jedem Begriffe gesteckt sind.

Eine gleiche Silbenstecherei liegt in dem Vorwurfe, *es könnte das Werden aus dem Sein und Nichtsein gar nicht w e r d e n, wenn nicht die Vorstellung des Werdens vorausginge.* Einmal nämlich hat Hegel gar nicht gesagt, dass aus der Einheit des Sein und des Nichts das Werden *werde*, sondern er sagt: *diese Einheit ist das Werden*. Allein hätte er auch gesagt, das Werden w e r d e; was weiter? Daraus folgt doch nicht, dass die Dialektik den Begriff'¹⁴) des Werdens anticipire, sondern höchstens, dass ihr ein anderer Ausdruck fehle, um uns den Vorgang verständlich zu machen.

Will man so genau dem Gange des Gedankens durch das Feld der Sprache auf die Finger sehen, so bemerke man, dass in dem Satze: *aus dieser Einheit wird das Werden* das Wort *wird* dem Worte *Werden* nur sehr zufällig vorauſgeht; ursprünglich heisst es: *das Werden wird;* das *Werden* ist also mindestens zugleich mit dem *wird*, und wer jenes, der hat auch dieses verstanden. Dass freilich in Wahrheit beide so nicht zu verstehen sind, dass das Hegelsche Werden überhaupt gar kein Begriff ist, wird unten zu erweisen sein.

Indess sind dies wahre Bagatellen im Vergleich damit, dass Trendelenburg das Denken geradezu vernichtet. Wenn Hegel die Grenzen der Denkmöglichkeit zu hoch hinaufschiebt, so war es am Orte, sie wieder herunterzuholen; aber sie durften andererseits nicht so tief hinabgedrückt werden, dass das Denken darunter erstickt. Wo soll alle Philosophie hinaus, wenn das Denken nur so weit Gültigkeit haben soll, als es an die Anschauung gebunden ist? Wo soll vor Allem Trendelenburg's so wichtiger Begriff der Bewegung hinaus, und wie kann daraus gefolgert werden, was Trendelenburg folgert, wenn darunter nur die angeschaute Bewegung verstanden wird? Als solche ist sie ein reiner Verhältnissbegriff.¹⁵) Für uns hier unten, für die Thiere selbst zugleich, dreht sich die Sonne wirklich um die Erde, oder es ist wenigstens gleichgültig, ob sich diese um jene, oder jene um diese dreht. Wir sehen nur eine Verschiebung; ob einer von den beiden Polen dieses Verschiebungsverhältnisses wirklich feststeht, ob beide sich

---

¹⁴) Denn als Begriff fasst Hegel das Werden, nicht, wie Trendelenburg will, als Vorstellung, oder gar weiter unten (Log. Unt. I. S. 38) als Anschauung. Das Werden ist freilich keins von allen dreien.

¹⁵) Und diesen Sinn will es haben, wenn Al. Schmidt (Beleuchtung der neuen Schellingschen Lehre etc. S. 117) Trendelenburg daran erinnert, dass die Bewegung nicht eigentlich gesehen, sondern nur geschlossen werde, ein Vorwurf, den er sich in der zweiten Ausgabe der Log. Unt. zu Herzen genommen hat vgl. I. S. 152.

bewegen, ist für die Anschauung vollständig gleichgültig. Erst der aus dieser Anschauung abstrahirte Begriff der Bewegung ist etwas, was wir vor dem Thiere, dem Unmündigen und Idioten voraushaben; etwas, das wir uns nicht vorstellen können, was aber so erst Werth hat, indem es den (gleichfalls nicht vorstellbaren) Begriff der Ruhe fordert.

Aber noch vielmehr: es muss behauptet werden, dass das Denken[16]) nicht nur nach oben sondern auch nach unten an den Begriff gebunden ist, d. h. also an die Anschauung gar nicht gebunden sein kann,[17]) sobald man es im engeren Sinne fasst, d. h. dem Anschauen und Vorstellen gegenübersteilt. Weder Hegel noch Trendelenburg haben diese Grenze gehörig beachtet; Anschauung, Vorstellung, Begriff und Gedanke fliessen bei Beiden fortwährend durch einander, während in Wirklichkeit jene Beiden nur die Basis, der Letzte aber nur die Beziehung der Begriffe bilden.

Eben deshalb aber ist direkt von der Anschauung aus der Gedanke gar nicht zu erreichen, und er darf nicht nur nicht, wie Trendelenburg will, unlösbar an die Anschauung gebunden sein, sondern er kann nur Gedanke werden, wenn er sich von ihr losmacht; sein Verständniss ist nur von Begriffen oder von anderen Gedanken aus zu erreichen. Zwischen diesem Vogel und diesem Ei vermag die blosse Anschauung, selbst wenn sie das Legen des Eies beobachtet, keine Beziehung aufzufinden, die unsere Erkenntniss bereicherte. Dies letztere geschieht erst durch die Beziehung zwischen den Begriffen *Vogel* und *Ei*.

. Es ist daher der Vorwurf (Log. Unt. I. S. 45), dass das reine Sein des Denkens nur durch *reflektirende Vergleichung mit dem vollen Sein der Anschauung zu Stande komme*, nicht zu billigen. In der That hat dieser Vorwurf zunächst etwas sehr Bestechendes; allein man sehe doch zu: verglichen werden kann doch nur Vor-

---

[16]) Das Denken im engeren Sinne, nicht jenes also, welches Ulrici (Syst. d. Log. S. 4 Anm.) als die *geistige Thätigkeit überhaupt, also alle geistige Thätigkeit* bezeichnet.

[17]) *Der logische Begriff ist Ordnungskategorie und zwar Ordnungskategorie* κατ᾽ ἐξοχήν. Ulrici, Syst. d. Log. S. 453.

handenes; folglich kann nichts durch Vergleichung zu Stande kommen (d. h. entstehen), was in dieser Vergleichung schon die eine Seite bildet; um verglichen zu werden, muss es doch schon da sein. Das Wahre ist, dass der Begriff oder richtiger der Ausdruck *Vergleichung* nur ein Mäntelchen ist, das dem bereits gegen Hegel geltend gemachten Begriff der Abstraktion umgehängt wird. *Das reine Denken kommt nur durch reflektirende Anschauung...*, heisst weiter nichts als: *es kommt durch Abstraktion von dem vollen Sein der Anschauung zu Stande.* Und dass das reine Denken auf diese Abstraktion einerseits gar nicht verzichten kann noch will (um sich nämlich verständlich zu machen), dass es aber andererseits derselben nur als seines realen, keineswegs als logischen Stützpunktes bedarf, ist bereits oben bemerkt worden.

Nicht als ob dadurch die Denkbarkeit des Hegelschen *reinen unmittelbaren Seins* sollte dargethan oder vertheidigt oder auch nur behauptet werden. Das *reine Sein* leidet vielmehr an demselben Gebrechen, an dem seine Mutter, das *reine Denken* litt, und welches das Erbübel der ganzen Dialektik ist. Wir haben gesehen, dass das Denken ohne Begriffe, also ohne Merkmale (Bestimmungen) sich nicht bethätigen, d. h. nicht leben kann; und dass ein Begriff ohne Merkmale (Bestimmungen) ein Unding ist; wie also das *reine Denken* eine unthätige Thätigkeit, so ist das *reine Sein* ein unbegreiflicher Begriff. Die Sprache beweist dies durch den Ausdruck Merkmal. Merken [18]) ist soviel als denken. Ein Etwas ohne Merk- (d. h. Denk-) Mal ist aber nicht merk- (d. h. denk-) bar. Das *reine Sein* ist ein unerreichbarer Gedanke, weil es sich weder von Begriffen noch von Gedanken aus erreichen lässt, den einzigen *Schwungbrettern*, die allen Sprung im Reiche der Gedanken ermöglichen.

---

[18]) Marken = Grenzen; und Abgrenzen ist wie Denken nichts als ein Ordnen. Etwas bemerken heisst dieses Etwas in seiner Abgrenzung gegen andere Etwas inne werden; sich etwas merken es in der Erinnerung gegen Anderes durch Abgrenzung bezeichnen; vgl. das seltsame Deutsch-Fremdwort markiren.

Von der Bewegung.

Dass die Kategorien, welche nach Trendelenburg bei Begründung der Einheit der realen und der Gedanken-Welt die Hauptrolle spielen, als solche bezeichnet werden, die in vorzüglichem Grade von der Dialektik erschlichen worden seien, um ihr in ihrem angeblich *immanenten Fortschritt* weiterzuhelfen, ist natürlich und selbstverständlich. Solcher Hauptkategorien hat Trendelenburg drei: Bewegung, Anschauung und Zweck. Ehe man zu der Prüfung schreitet, ob und in wie weit Hegel dieselben wirklich gewissermassen durch eine Hinterthür in die Werkstätte des reinen Gedankens eingelassen habe, um unbemerkt mit ihnen zu operiren, wird es angezeigt sein, ihre Auffassung im Spiegel der Logischen Untersuchungen zu betrachten.

Die Untersuchungen wollen eine doppelte Bewegung erkennen: eine räumliche und eine sogenannte constructive, d. h. eine Bewegung im Denken. Gegen die Entwickelung der räumlichen Bewegung und ihres Verhältnisses zu Raum und Zeit dürfte kaum etwas geltend zu machen sein: man muss anerkennen, dass die räumliche Bewegung nur aus sich erkannt werden kann, mithin angenommen werden muss, dass sie aus sich selbst stamme;[19]) ebenso, dass sie eine einfache Thätigkeit sei.

Aber der Hauptpunkt, dass sie nämlich ein dem Denken und Sein Gemeinsames sei, kann nimmermehr so leichten Kaufs zugestanden werden. Schon einzelne Ausdrücke Trendelenburg's machen uns stutzig. Er sagt (I. 142), die Bewegung im Denken müsse ein *Gegenbild* der Bewegung in der Natur sein,[20]) fährt aber gleich darauf fort: *diese Bewegung im Gegensatz gegen die äussere u. s. f.*

---

[19]) Immer vorausgesetzt, dass unserer blos durch Schluss vermittelten, d. h. (also nur) sogenannten Anschauung von Bewegung ein realer Vorgang entspreche, was keineswegs erwiesen, ja weit eindringlicher bestritten als befürwortet worden ist. Denn die Beweise Zeno's für die Nichtexistenz haben m. E. noch keine stichhaltige Widerlegung gefunden.

[20]) Vgl. den Ausdruck *Gegenbild* in Trendelenburg's Erläuterungen zu Elem. log. Arist. §. 4. 5.

Wie ist denn nun so plötzlich aus einem Gegenbild der Bewegung eine solche selbst geworden? Später taucht der Ausdruck *Gegenbild* noch einmal auf (S. 146) und wird behauptet, dies Gegenbild sei keine blosse Analogie der Sprache; behauptet, aber nicht erwiesen. Anderwärts (S. 39) heisst es: *Man kann sagen und wird sagen, dass die Bewegung, die die Naturphilosophie zu betrachten habe, eine ganz andere Bewegung sei; die Bewegung der äusseren Natur unterscheide sich von der Bewegung des inneren Gedankens u. s. f.*

Auf welche Gründe stützt sich denn nun Trendelenburg's *constructive* Bewegung? *das Denken*, sagt Trendelenburg (S. 143), *tritt in der Anschauung aus sich heraus, und dies geschieht durch die Bewegung*. Wie sollen sich denn hier Denken und Anschauung zu einander verhalten? Ist die Anschauung ein Theil oder besser: eine Bethätigungsform des Denkens? Oder ist sie vielmehr nur ein Mittel, ein dem Wesen des Denkens Fremdes, was ihm nur den Stoff zu seiner Bethätigung liefert? Man sollte meinen: das Letztere. Indess gleichviel, denn wie es immer sei, es ist nicht zu verstehen, wie das Denken aus sich heraustreten soll. Das Heraustreten ist doch eine Aktivität, eine Thätigkeit. In der Anschauung aber verhalten wir uns rein passiv. Wäre das Letztere nicht der Fall, so würde es uns möglich sein, uns gegen unangenehme Anschauungen wie Misstöne, Missbildungen, üble Gerüche u. s. w. zu verschliessen. Durch einen geistigen Akt sind wir dies notorisch nicht im Stande, woraus erhellt, dass die Anschauung ohne ein willkürliches Zuthun von unserer Seite zu Stande kommt,[21]) dass sie also zwar durch Bewegung, nicht

---

[21]) Was Fechner (Psychophysik I. S. 165 ff.) über die Möglichkeit willkürlicher Sinneswahrnehmungen (Hallucinationen) beibringt, scheint hiergegen zu sprechen, spricht aber in Wahrheit dafür. Denn selbst angenommen, dass diese Wahrnehmungen nicht von aussen stammen (wo aber ist hier die Grenze von aussen und innen?), so haben sie doch mit der Denkthätigkeit nichts zu thun. Man vergleiche noch die Beispiele bei Fechner II. S. 498 ff., namentlich S. 501: *die unwillkürlichen Wahrnehmungen hatten durchaus den Charakter von etwas Geschenem, nicht Gedachtem.* — Hagen, zur Theorie d. Hallucin. in Laehr's Psychiatr. Zeitschr.

aber durch eine von innen nach aussen stattfindende, nicht durch Bewegung des Denkens oder im Denken, nicht durch constructive, vielmehr rein durch räumliche Bewegung von aussen nach innen vermittelt wird.

Die weiteren Gründe Trendelenburg's sind nicht überzeugender: *Wer etwa,* so sagt er, *das Keplersche Gesetz denkt: der Planet bewegt sich in einer elliptischen Bahn, — der muss das in sich thun, was er sagt, dass der Planet thue.* Soll dieses *muss* im Allgemeinen gelten, wie jedes Muss, so ist der Begriff *Ruhe* undenkbar; denn um den Begriff Ruhe zu denken, *muss ich thun, was er sagt, dass der Ruhende thue,* d. h. ich muss ruhen und kann mich also nicht bewegen. Entweder also: das Denken kann gewisse Gedanken nicht denken, oder das Denken kann nicht ausschliesslich in der Bewegung bestehen; tertium non datur. Indess erhellt auf das blosse Nachdenken, dass der Satz: *der Geist beschreibt im Raume des Gedankens jene Ellipse,* durchaus nichts Allgemeingültiges enthält. Der Geist kann dieses Verfahren beobachten, wenn er will, aber nothwendig ist es nicht.[22]) Trendelenburg fährt fort: *Es ist also im inneren Denken der Art nach dieselbe Bewegung, wie in der äusseren Natur.* Also? Worauf aber stützt sich dies *Also?* Hier bewegt sich ein Planet, dort nur die Vorstellung eines Planeten; (wenn wir überhaupt zugeben, dass diese sich bewege oder gar bewegen müsse). Begründet dies eine Gleichartigkeit, ja eine Dieselbheit der Bewegung? Doch wohl das Gegentheil; ebenso wie der Gegensatz des realen Raumes zum *Raum des Gedankens,* dem *simulacrum* des realen Raumes.[23]) Der nächste Schluss ist doch wohl der, dass, wie der Raum des Gedankens (nur) ein simulacrum des

---

Bd. XXV. Heft 1. S. 40. — Müller, Phantastische Gesichtserscheinungen §. 34, 41, 147 u. s. w.

[22]) Aehnlich in Elem. log. Arist. Adnot. §. 16 (S. 81 der sechsten Auflage): *tum demum mens humana se rem cognovisse sciet, quum, quo genita est modo, eodem secum denuo genuerit.* Das mag allenfalls von der ersten erkennenden Untersuchung, nicht aber von jedem einzelnen nachherigen Denken eines Begriffes gelten.

[23]) Eine von Trendelenburg I. S. 144 acceptirte Bezeichnung Lambert's.

realen Raumes, wie die Vorstellung vom Planeten (nur) ein simulacrum des Planeten selbst, so auch die Bewegung im Gedanken (nur) ein simulacrum der räumlichen Bewegung, d. h. also nicht wirkliche Bewegung sei?

Die Ellipse ist bereits als ein Beispiel Trendelenburg's erwähnt worden. Mit Vorliebe wählt er seine Beispiele aus der Mathematik, weil dort in der That die Bewegung benutzt wird, um die unvorstellbaren Begriffe der mathematischen Grössen der Vorstellung näher zu bringen.[24])

Auf diese uns Allen gemeinsame, rein pädagogische[25]) Massregel soll sich nun die Nothwendigkeit der Gedankenbewegung stützen. *Die innere Bewegung* soll (I. 148) *den Punkt zur Linie dehnen u. s. w. Indem wir sie vollziehen, entsteht uns das Bild und die Kenntniss des Bildes.* Nichts weniger als das; diese vermeintliche Thätigkeit ist nichts weiter als ein Selbstbetrug, vermittels dessen dem Tertianer über die ersten Schwierigkeiten der mathematischen Anschauung fortgeholfen wird, von welchen er erst bei reifendem Verstande gewahr wird, dass in Wirklichkeit Niemand jemals vollständig darüber hinwegkann. Weder *die*

---

[24]) Und zwar weder mit Recht, noch, im Grunde genommen, mit Erfolg. Was hilft es mir, wenn ich dem Begriff der Linie näher kommen will, sie als durch Bewegung eines Punktes entstanden zu denken, da doch der Punkt der allervorstellungsfeindlichste Begriff der ganzen Mathematik ist? Vgl. Aristot. Top. VI. 4: μάλιστα γὰρ τὸ στερεὸν ὑπὸ τὴν αἴσθησιν πίπτει, τὸ δ' ἐπίπεδον μᾶλλον τῆς γραμμῆς, γραμμὴ δὲ σημείου μᾶλλον κτλ.

[25]) D. h. auf keinem realen Grunde beruhende; denn der Körper ist eine (ausgedehnte) Grösse, der Punkt ein ausdehnungsloses Nichts. Es ist daher Widersinn, zu sagen und zu lehren, die Linie e n t s t e h e aus der Bewegung des Punktes u. s. w. Auf Trendelenburg's (I. 267 ff.) hierfür beigebrachte Gründe näher einzugehen, ist hier nicht der Ort. Giordano Bruno nennt gar den Punkt die *prima pars* der Linie und diese die *prima pars* der Fläche. Allein Unräumliches kann schlechthin nicht ein Theil von Räumlichem sein, und Letzteres kann ebensowenig aus Ersterem entstehen, es mag nun, wie Hegel Encycl. §. 19 Zus. 2 sagt, ein *daseinloses Dasein* sein oder nicht. Auch das daseinlose (etwa gedachte) Räumliche ist den Bedingungen alles Räumlichen unterworfen.

ganze Geometrie noch *die ganze äusserliche Welt entsteht uns innerlich durch diese schaffende Bewegung.* Denn wo nähmen wir dann die Vorstellungen von Erscheinungen her, deren Entstehung uns noch unbekannt ist, wie etwa das Nordlicht oder die Sternschnuppen oder die Cholera? Und um einen Kirschbaum vorzustellen — habe ich nöthig an den Kirschkern, an den Erdboden, an Wärme und Feuchtigkeit, an Okuliren und Beschneiden, an Aeste, Zweige, Blätter, Blüthen, Früchte und ihre allmähliche, immerhin durch räumliche Bewegung mitveranlasste Entwickelung zu denken?

In Summa: ohne die Möglichkeit ja Wirklichkeit der Bewegung in der Welt des Gedankens schlechthin leugnen zu wollen, steht soviel fest: durch die Untersuchungen Trendelenburg's ist sie nicht erwiesen. Finden wir also, dass die Dialektik auf die **reale** Bewegung unberechtigt zurückgeht, so soll der Einwurf gelten. Aber die Beschuldigung der Usurpation einer Gedankenbewegung wird uns höchstens veranlassen müssen, auch im einzelnen Falle nachzuweisen, dass in jenem Bereich die Existenz der Bewegung sich nicht darthun lässt. Um nun zur Sache selbst zu kommen, so erscheint in Trendelenburg's Einwendungen die Bewegung als untergeschobene Anschauung zuerst im Uebergang vom Sein-Nichts zum Werden. Inwiefern Trendelenburg bei dieser Gelegenheit auf Kleinigkeiten Werth legt, ist bereits erörtert worden. Allein sein Vorwurf geht auch sehr auf das Wesen der Sache ein, wenn er fragt, wie denn aus dem ruhenden Sein und dem gleichfalls ruhenden Nichts, aus der Einheit Beider das bewegte Werden herauskomme. Aber wie kann schlechthin das Werden ein bewegtes genannt werden, wo es sich um die Entwickelung eines Begriffs aus Begriffen handelt. Freilich, unsere Anschauung vom Werden, das wenige Aeusserliche, was von dem unerforschbaren Vorgange zu unserer Kenntniss gelangt, ist an die räumliche Bewegung gebunden. Aber selbst in der Anschauung — ist das Werden durch Bewegung erklärt? Kann die Bewegung etwas Neues schaffen, oder ist sie nicht vielmehr nur im Stande, die Verhältnisse des Realen zu ändern? Mit Recht sagt Trendelenburg: *Wenn wir durch Zergliedern diese Momente im*

Werden finden, so ist damit keineswegs begriffen, wie sie ineinander sein können. Nun wohl, aber wird das durch das Hinzutreten der Bewegung geändert und gebessert? Wir fragen nicht blos: Begründet? sondern: erklärt auch nur die Bewegung dieses Ineinandersein? Weiter —: *Wer Stamm und Aeste und Blätter des Baumes unterscheidet, hat damit das Räthsel noch nicht gelöst, wie die Glieder aus einem Gemeinsamen entstehen und durch einander leben.* Gewiss nicht; hat er es aber gelöst, wenn er den Begriff der Bewegung hinzuthut? Freilich ist klar, dass die Säfte aus dem Boden in den Stamm und von dort in die Extremitäten durch Bewegung gelangen; aber wo kommen die Säfte her? Und wie kommt's, dass dieselbe Bewegung derselben Säfte an jenem Stamm Eichen-, an diesem Weidenblätter erzeugt? Man mag diese Säfte, das Materielle, noch so weit zurückverfolgen, man wird immer an einen Punkt gelangen, wo die Bewegung zur Erklärung des Werde-Vorgangs nicht ausreicht. Die Säfte selbst lassen sich auf Bewegung nicht zurückführen; und wenn selbst; allein, wie nun aus den Säften das Zellengewebe *werde*, und wie dazu die Bewegung hinreiche, das wird nimmermehr darzuthun sein."[26]) Steht es so im concreten Gebiet der Anschauung, so ergiebt die Abstraktion ein weit verwickelteres Fragengewirr. Das reine Sein und das reine Nichts sollen Begriffe sein und zwar, wie Trendelenburg sagt, *unanschaubare Vorstellungen*, wie wir gesehen haben, **unbegreifliche Begriffe**; gesetzt aber auch, sie wären begreifliche Begriffe, welche Bewegung soll denn aus ihnen den neuen Begriff des Werdens vermitteln? Doch wohl die constructive, da die räumliche nur im Reiche der Anschauung gilt. Nun wohl; aber selbst ihre oben stark angezweifelte Existenz zugegeben, wer vermag zu erkennen oder auch nur zu ahnen, wie aus der Bewegung zweier Begriffe ein neuer entstehe?

Das Wahre ist: Begriffe entstehen überhaupt nicht, sie sind da. Wenn der heutige Tag, wenn jener Baum aus der Einheit des Seins und des Nichts entsteht (abgesehen davon, ob es wahr

---

[26]) Vgl. auch Ulrici's scharfsinnige Erörterung Syst. d. Log. S. 272 ff.

ist); der Baum schlechthin, der Tag als Begriff entstehen nicht; sie sind da, längst ehe ich athmen und denken, diesen Tag beobachten und jenen Baum pflanzen konnte, und wenn meine zur Bethätigung erwachende Denkkraft wirklich erst heute dieses, morgen jenes Merkmal von angeschauten und danach vorgestellten Bäumen abstrahirt und so erst allmählich zum Begriffe gelangt, so beweist das höchstens die Nothwendigkeit des Bewegungsprozesses für die Aneignung des ewig vorhandenen Begriffes durch das sterbliche Individuum, nicht aber für die Entstehung des ewigen Begriffes selbst.[27]) Wenn für mein Vorstellen die einzelnen vergänglichen Gegenstände ihrem Begriffe in mir vorausgehen müssen, müssen sie es dann auch für den absoluten Begriff, den ich mit den Individuen theile, die viele tausend Jahre vor mir gelebt haben? Wäre das, so hätten wir ja das alte Räthsel gelöst, ob das Ei das Frühere sei oder die Henne. Wir brauchten dann nur auf den Begriff des Eies und der Henne zurückzugehen und zu untersuchen, welcher in Ewigkeit der Frühere, d. h. welcher aus dem anderen entstanden sei; aber da ergiebt's sich, dass sie sich ebenbürtig gegenüberstehen, ob tausendmal in Wirklichkeit die Henne aus dem Ei *geworden* sei und umgekehrt. Und so verhält sich's auch mit den durch gesteigerte Abstraction gewonnenen, reineren Begriffen. Mit gleichem Recht (oder Unrecht) kann ich das Werden aus dem Sein und das Sein aus dem Werden folgern; ist doch das reine Sein nichts weiter als ein Freiwerden von aller Bestimmtheit.

---

[27]) Erdmann (Gr. d. Log. 33. 1) und Fischer (System d. Logik und Metaphysik §. 74. 1 ff.) dringen auch ausdrücklich auf Entfernung aller Zeitvorstellung. Ulrici (Princip u. Meth. S. 61 und Syst. d. Log. S. 456) will von dieser Unterscheidung zwischen für uns und für sich (Aristot. Anal. post. I. 2: πρὸς ἡμᾶς und τῇ φύσει oder ἁπλῶς; vgl. auch Top. VI. 4 und Metaph. V. 11) nichts wissen; er nennt sie *nicht nur durchaus willkürlich sondern auch den objektiven, sachlichen Fortschritt der Begriffsentwickelung zerstörend.* Allein wie soll dann die objektive Realität des Begriffes und die Möglichkeit des mathematischen Folgens zu Recht bestehen? Trendelenburg selbst erklärt sich übrigens mit jener Unterscheidung einverstanden in den Erläut. zu Elem. log. Arist. 2. Aufl. S. 8, 35 und sonst.

Ist somit das Werden dem Sein und Nichts coordinirt, ist es gleich ewig, gleich unentstehbar, so ist gar nicht abzusehen, was die Bewegung, selbst die constructive, in diesem Tempel gleicher feststehender Säulen zu schaffen hat. Ist das Werden, so braucht es sich um die Bewegung nicht zu kümmern, und die vermeintliche Krücke, die Trendelenburg damit der Dialektik zuschiebt, könnte, wenn sie sich derselben in Wahrheit bediente, sie nicht stützen, höchstens zum Stolpern bringen.

Darum ist es keine blosse Zufälligkeit des Ausdrucks, wenn Hegel sagt: *Das Werden ist* [28]*) die Einheit des Sein und Nichts.* Ein Begriff kann ja sehr wohl die Einheit zweier oder mehrerer anderen sein, wie H o f f n u n g die Einheit von W u n s c h und E r w a r t u n g, oder im concreten Gebiete R a u b v o g e l die Einheit von R a u b t h i e r und V o g e l. Der Fehler der dialektischen Methode liegt viel tiefer. Wenn wir nämlich bisher aus dem Gesichtspunkte Hegel's und Trendelenburg's Sein, Nichts und Werden als Begriffe haben gelten lassen, so muss es gesagt sein, dass sie in Wahrheit gar keine Begriffe, sondern blos Beziehungen von Begriffen sind. [29]) Wenn Erdmann (Grundr. d. Log. §. 31 Anm.) sagt, das Hegelsche Sein sei der Infinitiv der Copula *Ist*, so scheint er mir nicht, wie Trendelenburg und Exner wollen (Log.

---

[28]) Dazu sind zu vergleichen Trendelenburg's Ausdrücke wie *Fortgang, Uebergang* (S. 39) u. a. m. Auch Ulrici (Princip u. s. w. S. 51, 56, 89 u. sonst) spricht von *Uebergehen, Verschwinden, Bewegung*, mit Hegelschem Ausdruck, aber in unhegelschem Sinne.

[29]) Haym (a. a. O. S. 107) nennt das Sein die *einfache Beziehung*, Ulrici (Princip u. s. w. S. 37) *Formen, formale Momente* u. s. w. Auch möchte ich sie nicht mit K. Fischer (a. a. O. §. 3 ff.) *reine, urtheilende u. s. w. Begriffe* nennen. Es sind einmal keine Begriffe, denn was b e g r e i f e n sie? An Fischer's eigenem Beispiel wird das deutlich, an der Synthese. Was begreift denn der vermeintliche Begriff der Synthese unter sich? Doch nicht die verschiedenen (d. h. nach Zeit und Urheber verschiedenen) Akte der Synthese? Denn die Synthese ist offenbar immer eine und dieselbe, das + zwischen a und b drückt in Ewigkeit ein und dasselbe aus, gleichviel was a und b auch immer bedeuten mögen. Zum Begriffenwerden gehört aber Verschiedenes, daher denn auch Fischer's: *sie wird nicht vorgestellt, sondern gedacht.*

Unt. I, 117), dadurch *zwei Grundgedanken des Meisters verdorben zu haben;* vielmehr hat er den Grundgedanken damit offen ausgesprochen, so offen, dass der Irrthum darin klar zu Tage liegt; er hat gar keine *Verbesserung* anbringen, sondern den Meister nur verstehen und erklären wollen, wie er einzig verstanden und erklärt werden kann.³⁰) In Wahrheit muss zu jedem Sein ein Ist gehören; nun giebt es zwei *Ist*, das eine gleichbedeutend mit *Existirt*, das zweite eben die Copula. Ein Drittes vermag ich nicht zu finden, auch Erdmann erkennt keines an und ebenso scheint Aristoteles keines gekannt zu haben, wenn er unterscheidet: τὸ δ' εἰ ἔστιν ἢ μὴ ἁπλῶς λέγω, ἀλλ' οὐκ εἰ λευκὸς ἢ μὴ Anal. post. II. 1. vgl. Fischer, Syst. d. Log. §. 76. 2. Es kann aber das Hegelsche Sein nicht den Infinitiv zu jenem abgeben, weil die Existenz ja erst in der weiteren Entwickelung der Kategorien als besondere Form des Seins heraustritt, mithin k a n n e s n u r der Infinitiv der Copula sein.

Was daraus folgt, ist schon von Trendelenburg angedeutet, freilich nur hypothetisch, weil er den bedingenden Grundgedanken Erdmann's (d. h. also Hegel's) nicht anerkennt; es folgt nämlich einmal, dass die (von Hegel behauptete) *Voraussetzungslosigkeit (des Seins) aufgehoben ist, da eine Copula nicht denkbar ist ohne Copulirtes.* Das will sagen: die Copula ist nur ein Ausdruck für eine Beziehung, die Beziehung ist aber nur denkbar zugleich mit dem Bezogenen, zwischen dem sie obwaltet, nur an ihm, nur durch es.³¹) Dieses Bezogene ist also die Bestimmtheit der Beziehung; fällt nun, wie Hegel verlangt, jede Bestimmtheit fort, so ist die Beziehung undenkbar, d. h. *Sein u. s. w.* sind blosse Worte, aus dem Zusammenhange der Sprache herausgerissen, die

---

³⁰) Al. Schmidt (Beleuchtung u. s. w. S. 124) erklärt das Sein als den *Begriff des Daseins.* Allein das Dasein, wenn es überhaupt ein Begriff wäre, hätte als solcher selbst nur noch ein Moment; trennt man dieses ab, so ist nichts mehr zu gewinnen, und das S e i n ist so wenig ein Begriff als das D a.

³¹) Fischer a. a. O. §. 77. 3: *Unabhängig vom Denken giebt es kein Sein als Begriff.* Kirchmann, Erl. zu Spinoza's Etb. (Philos. Bibl. V) S. 9 Anm. 11: *Die Beziehung an sich ist ohne Inhalt u. s. w.*

ausser diesem Zusammenhange gar nicht denkbar, gar nicht verständlich sind.[32]) Aber gesetzt auch, sie wären denkbar, so folgt zweitens, *dass dieser Begriff des Seins für die absolute Unmittelbarkeit der Erfahrungswelt, welche auf ihm ruhen soll, ganz bedeutungslos ist.* Mit andern Worten: Aus einer blossen Beziehung zwischen Begriffen können ebensowenig neue Begriffe als aus der Beziehung etwa zwischen zwei Weltkörpern andere Weltkörper hervorgehen. *Nur wenn man diese Beziehungsformen mit den Begriffen des Seienden verwechselt, kann man meinen, damit in der Erkenntniss der Dinge vorzuschreiten* (Kirchmann a. oben angef. O.). Hier ist der Grundmangel, der sich durch die ganze Dialektik hindurchzieht, wie sich im Verlauf der Untersuchung darthun wird.

Denn schon am Nichts und am Werden lässt sich dieselbe Operation ausführen,[33]) die soeben am Sein vorgenommen wurde. Da ist freilich zunächst daran zu erinnern, dass der Ausdruck *Nichts* eine sprachliche Ungenauigkeit involvirt, dass Hegel dafür hätte Nicht oder Nichtsein sagen müssen.[34]) Dann ist aber das Nichtsein der Infinitiv zu der negirten Copula Ist nicht, oder das Nicht ist schlechthin die Verneinung der in der Copula liegenden Beziehung. In gleicher Weise ist das Werden dann keineswegs gleichbedeutend mit Entstehen, sondern es ist der Infinitiv des Hilfszeitworts Wird. Man könnte zwar hier noch von einem

---

[32]) Erdmann nennt sie oft das *Unwahre* (Grundr. d. Log. §. 26. 27. 32. 32 Anm. 4 u. sonst.) und sagt, *Seyn sei seines abstrakten Charakters wegen schwer, ja wenn man will, unmöglich zu fassen und zu begreifen.* Ebend. §. 29. In der That wird damit die Schwierigkeit der Logik (Erdmann ebend. §. 8. Hegel, Encycl. §. 19. §. 24 Zus. 2 u. sonst) zur Unmöglichkeit, soweit das Denken blosser Beziehungen gefordert wird.

[33]) Ulrici (Princip u. s. w. S. 37 ff.) hat sie ausgeführt. Wenn dort der Gegensatz als der zwischen *formalem* und *realem Moment* formulirt wird, so ist das nur ein Unterschied des Namens nicht der Sache.

[34]) Erdmann, Grundr. d. Log. §. 30: *Wir nennen diese, die reine Verneinung Nichts, Nichtsein oder vielleicht besser Nicht.* Vgl. Log. Unters. I. S. 45: *dass dabei das logische Nicht (das reine Sein ist nicht) zu einem gleichsam realen und als Etwas gesetzten und angeschauten Nichts hypostasirt wird u. s. w.* Vgl. Erdmann ebend. Anm. 2. Ulrici, Syst. d. Log. S. 273.

dritten Werden sprechen, wie etwa in dem Satze: die Kirsche wird roth. Allein auch wenn man dieses Werden als ein Drittes gegen das Hilfsverb und das Entstehen [35]) abgrenzt, ist es deswegen ein selbständiger Begriff? drückt es mehr aus als eine Beziehung zwischen der Kirsche und dem Roth, die immerhin der Einheit der anderen Beziehungen zwischen Kirsche und Rothsein einerseits, Nichtrothsein andererseits gleich sein mag, gleichwohl aber weder ohne die Bezogenen denkbar ist, noch irgend welchen realen Begriff aus sich selbst heraus entwickeln kann?

Man muss der Möglichkeit Rechnung tragen, dass Erdmann und die obigen an seine Ansicht sich anschliessenden Erörterungen im Irrthum sind; dass sie, wenn sie ein drittes Sein ausser den genannten nicht finden, vielleicht der Höhe des Hegelschen Gedankenfluges nicht folgen können. [36]) Stellt man sich aber auf ihre Seite, so führt die Betrachtung des Hegelschen Nichts auf einen zweiten Mangel der dialektischen Methode, den nämlich, dass der treibende Gedanke des Widerspruchs lediglich aus der Vermengung der Beziehungen auf Verschiedenes entspriesst; wenn ich sage: dieser Baum ist eine Eiche und nicht eine Weide, so ist er zwar zugleich und ist nicht; aber das involvirt gar keinen Widerspruch. Erst wenn die Beziehung zu einem und demselben Begriff zugleich wäre und nicht wäre (wie etwa: dieser Baum ist eine Eiche und ist nicht eine Eiche), so läge ein Widerspruch vor, der den Gedanken zu seiner Beseitigung antriebe; aber Hegel destillirt aus den identischen (d. h. zugleich vorhandenen) Beziehungen des Eiche-Seins und des Nicht-Weide-Seins die vermeint-

---

[35]) Indem man z. B. im Griechischen unser Hilfsverb als in den Conjugationsformen liegend betrachtet und nun dem γίγνεσθαι das ειναι gegenüberstellt. Erdm. Gr. d. Log. §. 32, 2 nennt das Werden *eigentlich den ersten Begriff*.

[36]) Indess, Hegel selbst spricht so offenherzig von Beziehungen und confundirt sie so harmlos mit den Begriffen, dass man Erdmann zustimmen muss, wenn man nur überhaupt gewillt ist, Beziehung und Begriff aus einander zu halten. Vgl. Encycl. 95 *als Beziehung des Negativen auf sich selbst ist das Fürsichseiende oder das Eins das in sich Unterschiedslose*; u. sonst.

lichen Begriffe des Seins und Nichtseins, die als solche an sich, wenn sie denkbar wären, in der That einen Widerspruch involvirten, und zwar einen Widerspruch, der trotz allen Antriebes nimmermehr zum Ausgleich käme. Später übrigens (I. S. 60) erkennt Trendelenburg diese Natur der Beziehung und macht sie gegen Hegel geltend, beim Begriff der Unendlichkeit, was unten zur Sprache kommen wird.

Es wird noch die Frage sein, ob man der Dialektik durchweg diese Verwechselung der Beziehungen und Begriffe vorwerfen kann, oder ob sie an irgend einer Stelle aus der Welt der Beziehungen in die der Begriffe übergehe. In der That ist das Letztere der Fall.[37]) Wesen und Existenz z. B. sind keine blossen Beziehungen mehr. Gleichwohl wird dann wieder aus der Begriffswelt in die Sphäre der Beziehungen umgeschlagen. Hierin scheint mir *der fortwährende Kampf zwischen äusserstem Spiritualismus und kräftigster Realitätstendenz,* zwischen *eingebildeter, erraisonnirter, metaphysischer und anschaubarer und lebendiger Realität,* von denen Haym[38]) spricht, zu liegen, nicht in dem Wesensgegensatz zwischen dem Begriff und dem *realistisch Realen.* Wenn Haym (a. a. O. S. 307) beginnt: *Wir stossen nach einander auf (das Sein) das Dasein, die Existenz, die Wirklichkeit, die Substanzialität,* so konnte er, statt fortzufahren: *und diesen nach der Realität schmeckenden Kategorien folgen dann*

---

[37]) Erdmann (Gr. d. Log. §. 6) erklärt ausdrücklich, dass man unter Kategorien nicht mit Kant blos sogenannte *Stammbegriffe*, sondern auch *Stammverhältnisse* zu verstehen habe und dass man sich damit dem aristotelischen Begriffe der Kategorien wieder nähere; aber da ist nicht zu vergessen, dass Aristoteles sie nie aus einander abzuleiten versucht. Auch Ulrici (Princip u. s. w. S. 37) betont, dass die Hegelsche Methode der Logik nimmermehr zu einem realen, sondern nur zu einem formellen Inhalte, einem Schatz inhaltsloser, weil rein formaler Denkbestimmungen verhelfe.

[38]) Hegel u. s. Z. S. 303. 306. Anderwärts (S. 96) heisst es: *Selbst das schärfste Auge ist jetzt kaum im Stande, in der Luft des reinen Gedankens noch irgend ein lebendiges Stäubchen zu erblicken und jetzt wieder ist der Gedanke kaum im Stande, durch die bunten, dicht hingelagerten Gestalten einen Weg zu finden.*

jedesmal andere, welche in das reine Element des Gedankens zurückleiten, auch sagen: diesen Kategorien des Realen folgen jedesmal blosse Beziehungen, die mit jenen schlechterdings keine Entwicklungsreihe bilden können.

Was nun Trendelenburg's *Bewegung* anbetrifft, so lässt sich das oben gegen sie geltend Gemachte auf Schritt und Tritt bei allen Vorwürfen wiederholen, und es ist unnöthig, dieselbe Manipulation in Hinsicht auf die continuirliche und die discrete Grösse u. s. w. vorzunehmen; wenn die Sprache ihren Beziehungen *offenbar die Anschauung des Raumes und der Bewegung zum Grunde legt*, so beweist das keineswegs, dass nun dieselben Anschauungen auch den Begriffen zum Grunde liegen. Die Sprache als etwas Concretes muss sich auf das Concrete berufen, selbst wenn sie das Abstrakte veranschaulichen will, denn sie kann sich mit dem Abstrakten nicht aus einander setzen. Ist doch die Sprache bei allem Reichthum an Anschauung und Entwickelung arm an Gewähr für die wirkliche Vermittelung des Gefühlten und Gedachten; wir sprechen wohl von Liebe und Glauben, von Bewegung und Beziehung, aber wer bürgt uns dafür, dass wir mit diesen Ausdrücken in der Seele des Anderen dasselbe wachrufen, was wir selber dabei fühlen und denken? Die Unfruchtbarkeit der Bewegung für irgend welches Schaffen und Erzeugen beruht im Grunde genommen darin, dass die Bewegung, wenn wir nämlich die Unbegrenztheit des Raumes und der Zeit annehmen, selbst zu einer blossen Beziehung wird. Erscheint es in der beschränkten Anschauung anders, so liegt dies eben nur daran, dass wir vermöge dieser Beschränkung nur begrenzte Raum- und Zeitabschnitte vorzustellen vermögen. Vom bestimmten, festen Punkt im Raume erscheint allerdings die Bewegung dem Auge als ein realer Vorgang, und wenn wir sagen, dass sich die Erde um die Sonne drehe, so denken wir uns den Mittelpunkt der Sonne als ruhend und bestimmt. Allein im unbegrenzten Raume darf ein fester Punkt nicht angenommen werden, weil ein solcher ja selbst Grenze ist; ohne diesen Punkt ist aber die Bewegung ein reines Verschiebungsverhältniss, eine blosse örtliche Beziehung, die weder angeschaut, noch für sich gedacht werden kann. Eine wenn auch schwache Analogie finden wir in jener Sphäre irdischer Anschauung, welche die meiste Verwandtschaft mit dem Unbegrenzten hat, auf dem offnen Meere. Begegnen sich dort zwei Schiffe, so kommen sie wohl an einander vorüber, aber wer kann sagen, welches von beiden sich nun bewege, oder ob beide sich bewegen, wenn er nicht auf die Oberfläche des Meeres schaut, oder sonst einen Haltepunkt für seine Blicke findet. Ein Gleiches ist es mit der Zeit. Wenn wir sagen: Nach und Vor, und uns ohne dies die Erscheinungen nicht klar machen können, so liegt das an unsrer menschlichen Beschränktheit, die keine Ewigkeit zu erfassen vermag. Denn was heisst Nach und Vor anders, als: Näher an dieser und Näher an jener Grenze, zwischen denen unser endlicher, gleichsam aus der Ewigkeit herausgeschnittener Zeitraum ruht? Für die Ewigkeit giebt es kein Nach und Vor;[9]) nur wir müssen die Grenzen, die wir in die Zeit einschneiden, so ordnen und benennen.[10])

Um dieser Ansicht gegen die Trendelenburg's Geltung zu verschaffen, bedürfte es freilich eines genaueren Eingehens, als es sich mit unserer Aufgabe verträgt, zu welcher wir nach dieser kurzen Abschweifung zurückkehren.

Von der Anschauung.

Soweit bisher von der Anschauung in ihrem Verhältniss zum Denken die Rede gewesen, ist stillschweigend angenommen wor-

---

[9]) Vgl. Spinoza, Eth. I. Prop. 33 Schol. 2.

[10]) Dem analog lässt sich auch behaupten, dass die sogenannten drei Dimensionen des Raumes theils auf tellurischen Beziehungen theils auf willkürlicher Classification beruhen. Denkt man sich die drei Dimensionen durch drei in einem Punkte sich schneidende Gerade dargestellt, so ist gar nicht abzusehen, warum nicht jede andere durch diesen Punkt gezogene Gerade gleichfalls den Charakter einer selbständigen Dimension sollte beanspruchen können. Offenbar auch können die regelmässigen Körper nur bis zum Würfel u. s. w. durch die drei Dimensionen erschöpfend charakterisirt werden; bei den Figuren des hexagonalen Kristallsystems, des monoklinischen gar u. a. m. reichen die drei Dimensionen für die Inhaltsangabe offenbar nicht aus.

den, dass das Denken die Anschauung zu seiner Voraussetzung habe. Es hat sich unter diesem Gesichtspunkte bislang nur darum gehandelt, jedem Gliede in der Entwickelungsreihe: Anschauung — Vorstellung — Begriff (Kategorie u. s. w.) seinen ohne Weiteres als den rechten angenommenen Platz genau abzugrenzen. Vielleicht aber ist der der Anschauung oben zugewiesene Platz überhaupt gar nicht der rechte; vielleicht muss sie mit dem Gedanken (Begriff und Kategorie) die Rollen oder doch die Staffeln der logischen Leiter tauschen. Kuno Fischer wenigstens behauptet es, und es gilt zuzusehen, ob er Recht behält.

Nach Fischer[11]) nämlich wird die Anschauung durch das Denken erzeugt, sie ist ohne Kategorien, ohne Begriffe nicht möglich. Beide sind in der Anschauung enthalten, da sie sonst das analysirende Denken nicht darin finden könnte. Sie sind die Theile, die Einzelvorstellung ist das Ganze. *Müssen nicht*, sagt Fischer (a. a. O. S. 66. 5), *diese Theile in dem Ganzen enthalten, nicht blos enthalten, sondern dergestalt in ihm verbunden und verknüpft sein, dass sie ein Ganzes, eine in sich zusammenhängende Vorstellung bilden? Ohne diese Verknüpfung giebt es keine Einzelvorstellung, keine Anschauung; also fordert die Anschauung selbst als ihre Bedingung eine logische Verknüpfung, die ohne Begriffe nicht möglich ist.*

Sind die Begriffe — die Kategorien einstweilen bei Seite

---

[11]) Fischer a. a. O. §. 64. 3 bis 66. 5. Hier dürfte der Hauptcoincidenzpunkt von Fischer's Lehre mit derjenigen Kant's zu suchen sein. Indessen ist der Unterschied immer noch gross genug. Kant sagt nicht nur nicht, dass die Anschauung das Schonvorhandensein der Begriffe fordere, sondern er behauptet sogar, dass die *aus dem innern Quell des reinen Anschauens und Denkens* herstammende *gewisse Form* bei Gelegenheit der Materie zur Erkenntniss erst in Ausbildung gebracht werde und (dann erst) Begriffe hervorbringe (Krit. d. r. Vern. (Ausg. v. Kirchm.) S. 130). Später ausdrücklich: *Die Anschauung bedarf der Funktion des Denkens in keiner Weise* (S. 133). *Die Vorstellung, die vor allem Denken gegeben sein kann, heisst Anschauung* (S. 139) u. s. w. Nur ein scheinbarer Widerspruch liegt in dem Satze: *Begriffe von Gegenständen werden aller Erfahrungskenntniss zu Grunde liegen* (S. 134). Auch die Einheit der Apperception ist von Fischer's logischer Verknüpfung streng verschieden.

gelassen — wirklich die Theile der Einzelvorstellungen, oder ist es vielleicht umgekehrt? Damit wäre die alte Streitfrage zwischen Realismus und Nominalismus des Mittelalters in etwas verändertem Gewande wieder in die Arena gerufen. Hier wie dort lassen sich beide Ansichten durch scheinbare Gründe verfechten; allein bei näherer Betrachtung erkennt man doch, dass die Theile der Einzelvorstellungen nicht Begriffe, sondern Merkmale [2]) sind. Wären nämlich Begriffe gleichfalls die Theile der Einzelvorstellungen, so müsste ja wohl **Begriff** und **Merkmal** gleichbedeutend sein. Dies angenommen, so ergiebt sich von selbst, dass die Begriffe (d. h. also die Merkmale) erst mit und in der Anschauung gegeben sind, also nicht vor ihr vorhanden sein und bei ihrer Bildung mitwirken können.

Ferner ist es nicht zu billigen, dass das analysirende Denken die Begriffe in der Anschauung finden soll. Niemals kann von einem Begriffsfunde, stets nur von Begriffsbildung die Rede sein. Das analysirende (trennende) Denken findet die Merkmale, aber wenn es beim Analysiren bliebe, so würde der Verstand auch nicht um einen Schritt vom Flecke kommen. Der Begriff entsteht erst durch das verbindende Denken; wie denn mit der Arbeit des Steinbrechers erst die Hälfte zur Fertigstellung des Hauses gethan ist; eben deshalb sind aber auch die Häuser nicht die Theile der Steinbrüche, obzwar sie aus deren Theilen bestehen. Wenn dieses Gleichniss hinkt, so hinkt es m. E. nicht mehr als andere Gleichnisse eben auch.

Hierin ist auch der Grund dafür zu suchen, dass ich von einer einzelnen Vorstellung aus schlechthin zu keinem Begriffe gelangen kann, welches doch vermittelst einer einfachen Theilung möglich sein müsste, wenn Begriff und Vorstellung wirklich in dem von Fischer behaupteten Verhältniss ständen, und dass, selbst die Möglichkeit einer solchen Begriffsbildung zugestanden, die endlose Manchfaltigkeit der Natur und der Erscheinungswelt auf diesem

---

[2]) Sit venia verbo. Genau gesprochen müsste von den den Merkmalen entsprechenden Einzelvorstellungen die Rede sein. Ueberweg, Syst. d. Log. §. 45.

Wege ebenso oft zur falschen wie zur richtigen Begriffsbildung führen würde. Denn die Natur pflegt sich an unsere Begriffe als Gesetze nicht zu binden. Daher denn in so mancher wissenschaftlichen Disciplin eine nach jener Methode auf eine einzelne Anschauung basirte Begriffsbildung soviel Rauch und Dunst hinterlassen, ja die Wahrheit oft auf Jahrhunderte verdunkelt hat.[43])

Wir treten der Frage von der anderen Seite näher: auch die Kategorien sollen im Verhältniss zur Anschauung das Frühere, das Miterzeugende sein. Man muss ohne Weiteres zugeben, dass die Kategorien Bestandtheile der Anschauungen sind. Muss nun aber auf die Frage, wie die Kategorien in die Anschauung kommen, durchaus mit Fischer geantwortet werden: sie sind darin, folglich hat sie das Denken hineingethan; das Denken erzeugt die Anschauung, darum kann es sich aus der Anschauung auch wiedererzeugen?

Oder kann man mit demselben Recht antworten: sie sind darin, aber wer weiss woher? Sie sind darin wie die Merkmale eben auch (soll heissen: die den Merkmalen entsprechenden Einzelvorstellungen); und die Merkmale hat doch wohl das Denken nicht hinzugethan. Die Anschauung besteht aus Merkmalen und Kategorien; das Denken schält beide heraus, um sie zu besitzen, thut sie aber nicht hinein, um sie wieder daraus zu erzeugen. Denn was hätte dieser Zirkelprocess auch für einen Zweck? Doch nicht den, ihre Gültigkeit zu prüfen? Denn wie ich sie hineinmische, ziehe ich sie wieder heraus, und die Anschauung, die ich mit ihrer Hülfe erst erzeuge, kann kein massgebender Prüfstein ihres Werthes sein.

Drei Gesichtspunkte sind möglich, wenn man das Verhältniss zwischen den Beziehungen der Wirklichkeit und denjenigen der Gedankenwelt betrachtet; die Beziehungen zwischen den Vorstellungen u. s. w. sind da; entweder kann man nun, wie Hume will, diese Beziehungen für etwas Subjectives halten, dem freilich eine

---

[43]) Ebenso charakteristische als seltsame Beispielsammlungen findet man in Mehliss, Ueber Virilescenz und Rejuvenescenz thierischer Körper. Leipzig 1838. S. 29 und in Willdungen, Litterarische Hauptjagd auf gehörnte Hasen (Waidmanns Feierabende, Bd. III. Marburg 1817) S. 21 ff.

Erscheinung in der Objektivität mit einer wunderbaren (oder besser wunderlichen?) Regelmässigkeit entspricht, d. h. also Causalität finden, wo in der Wirklichkeit nur ein stets wiederkehrendes Nacheinander ist; eine Art von Occasionalismus, der bei Hume befremdet. Kant gab, um die Objectivität dieser Kategorie zu retten, die Wirklichkeit des Wahrgenommenen preis und machte die ganze Welt zur nur subjektiven Erscheinung. Dies ist der zweite Standpunkt, und nur aus ihm ist mutatis mutandis die Anschauung Fischer's zu verstehen. Die dritte Möglichkeit endlich ist, die Beziehungen in der Welt der Vorstellung in derselben Weise für Erscheinungen von Beziehungen in der Wirklichkeit (d. h. also von wirklichen Beziehungen) zu halten, wie die Anschauungen eingestandenermassen Erscheinungen (die Begriffe Abgüsse) des Wirklichen sind.[**])

Unter dem letzteren Gesichtspunkt verschwindet auch das Problem der Causalität, das unter den beiden anderen nicht sowohl beseitigt als vielmehr durch ein anderes ersetzt worden ist. Das Wort Causalität ist alsdann ein blosser Name, der nichts mehr und nichts weniger Problematisches enthät als jeder andere Name. Ich sehe — um einen einfachen Stoff zu nehmen — hundertmal Gold, ohne zu fragen, wo es herkomme; wenigstens ist die Wissenschaft jetzt so weit, auf diese Frage zu verzichten; es ist eben da, und mit diesem fait accompli muss ich mich begnügen. Aus dieser hundertmaligen Anschauung bilde ich Vorstellung und Begriff des Goldes, und Niemandem fällt es ein, darin ein Pro-

---

[**]) Erscheinungen! Hinter das Wesen dieser Beziehungen zu gelangen, wird dem Menschen ebenso versagt bleiben, wie die Erkenntniss des Dinges an sich. Mit welchem Recht man aber den Erscheinungen des Seienden etwas Reelles zu Grunde legt und sie als uns von aussen gegeben betrachtet, die Beziehungen aber zwischen diesen Erscheinungen für eine rein subjektive Zuthat erklärt, will mir schlechterdings nicht einleuchten. Und hat nicht vielleicht Aristoteles dasselbe sagen wollen mit den Worten: Οὔτε δὴ ἐνυπάρχουσιν ἀφωρισμέναι αἱ ἕξεις οὔτ' ἀπ' ἄλλων ἕξεων γίγνονται γνωστικωτέρων ἀλλ' ἀπὸ αἰσθήσεως κτβ. Analyt. post. II. 20? Was dann sonst die geforderte Einheit zwischen Sein und Denken herstellen soll, ist eine andere Frage. Und ist sie denn wirklich durch den extremen Idealismus hergestellt?

blem zu suchen. Auf gleichem Wege bilde ich mir aus hundert Anschauungen einer mir erscheinenden Beziehung (die wir Ursachlichkeit nennen, gleichviel, was ihr Wesen sei) den Begriff der Ursachlichkeit. Nach ihrem Woher und Wie zu fragen, ist ebenso unberechtigt, wie nach dem des Goldes.

Dass zum mindesten die Kategorie der Causalität nichts Subjektives ist, dass sie nur von aussen gewonnen, nicht an die Betrachtung der Aussenwelt mit herangebracht wird, das scheint mir Hume unwiderleglich dargethan zu haben. Sein *Adam*,[45]) sein *Mann von noch so gutem Verstande*[46]) sind sprechende Zeugnisse. Eine einmalige Beobachtung eines Nacheinander müsste, wenn die Kategorie der Causalität dem Denken eigenthümlich wäre, zu der Unterscheidung befähigen, ob der vorliegende Fall unter sie oder unter die Rubrik Zufall gehöre. Alle Erfahrung bestreitet dies. Allein auch von den anderen Kategorien lässt sich darthun, auf diesem oder anderem Wege, dass sie lediglich aus der Erfahrung stammen. Es widerstrebt nicht nur dem natürlichen Gefühl, dass ich die Kategorie Dasein nöthig haben solle, um eine Anschauung — zu bilden oder zu empfangen? — sondern es ist in Wahrheit nicht der Fall. Aufrichtige Selbstbeobachtung lehrt, dass diese Kategorie dem Denken erst gegenwärtig wird durch Vergleichung mit dem Nichtsein, oder besser Fortsein. Und was erst durch Vergleichung gewonnen wird (bewusst wird), kann unmöglich dem Denken ureigenthümlich sein. Und so ist's mit den übrigen Kategorien auch; nur dass es hier nicht am Orte ist, die Procedur an noch mehreren vorzunehmen.

Unzweifelhaft — man muss es wiederholen — sind die Begriffe und Kategorien in den Anschauungen enthalten; allein, da die Anschauung selbst noch gar keine logische That ist, so fordert sie auch keine *logische Verknüpfung*.[47]) Die erste logische That in dem Process des Denkens ist erst die Vergleichung der durch die Anschauung mit Hülfe der Erinnerung erworbenen Vorstellun-

---

[45]) Unters. üb. d. menschl. Verstand, übersetzt v. Kirchm. S. 27.
[46]) Ebenda S. 40.
[47]) ... ἡ μὲν καθόλου νοητή, ἡ δὲ κατὰ μέρος εἰς αἴσθησιν τελευτᾷ. Aristot. analyt. post. I, 24.

gen; daher wir bei einem noch nie Erschauten sagen, dass wir uns **nichts dabei denken können.** Die Anschauung wird auch dem Säugling geliefert, der zu einer logischen That noch nicht fähig ist; aber eben deshalb kann er auch nichts mit ihr anfangen.

Die Anschauung ist einer jener problematischen Punkte, wo das Körperliche und das Geistige sich die Hand reichen. Muss das Geistige nun Alles selbst hinzuthun, was es in dem ihm vom Körperlichen dargereichten Bethätigungsstoff finden will? Dann müsste ja auch wohl, wenn mein Wille Arm oder Fuss bewegt, Arm oder Fuss den Anstoss dazu gegeben haben, ja die Bewegung müsste ausschliesslich auf sie zurückgeführt werden. Man sieht nicht, was der Gedanke da will. Und so sieht man umgekehrt keinen Zweck und Nutzen der Anschauung und der Sinne ein, wenn das Denken von vornherein mit den Begriffen und Kategorien ausgerüstet ist.*) Die Sinne spielen alsdann die Rolle des Alchymistentiegels, aus dem nur das Gold herauswächst, das der Adept vorher hineingethan hat.

Das würde heissen, mit Schopenhauer, dass es nur discursives Denken gebe; und in der That, das soll es heissen. Oder mit anderen Worten: Auch die Kategorien sind nichts Subjektives, sondern Abbilder realer, in der Wirklichkeit bestehender Verhältnisse, die das Denken erst aus der Anschauung der letzteren begriffsartig abzieht.

Unter diesem Gesichtspunkte: welchen Standpunkt nehmen die logischen Untersuchungen der Anschauung gegenüber ein? Dieselbe soll eine derjenigen Krücken sein, deren sich, nach Trendelenburg, die Dialektik widerrechtlich am öftesten bedient. Es ist bereits zur Sprache gekommen, dass unsere Anschauungen nicht willkürlich sind, dass also die reale Welt ihre Bilder ohne unser Zuthun auf der leeren Tafel unseres Innern verzeichnet d. h. ohne unsere Denkthätigkeit in Anspruch zu nehmen. In

---

*) Man werfe nicht ein mit Kant (Kr. d. r. V. S. 119. 149 u. sonst), sie seien ja ohne Anschauung leer; denn das eben ist die gewaltsame Abstraktion. Ohne Anschauung sind sie überhaupt nicht.

Zuständen der Betäubung, wo das Denken seine Thätigkeit einstellt, haben wir noch Anschauungen, Empfindungen, äussere Eindrücke; ja, dieselben können bis zu der Stärke anschwellen, dass sie das Vorstellungs- und damit auch das Denkvermögen wieder wachrufen, wie man denn bei scheinbar Ertrunkenen und Scheintodten überhaupt durch Stechen mit scharfen Nadeln und Aufträufeln heissen Siegellackes das Bewusstsein zu erwecken und so das vorhandene Leben zu konstatiren gesucht und vermocht hat. Es heisst mithin die Begriffe confundiren, wenn man die Anschauung als eine *Bethätigungsform* des Denkens bezeichnet.[19]) Allein nicht einmal das Vorstellen ist eine solche. Die Vorstellung wird erzeugt durch Erinnerung, und die letztere ist nur dann eine Form des Denkens, wenn wir dieses nicht im strengen Sinne nehmen, nicht als einen Vorzug vor den Thieren voraushaben,[50]) nur als geistigen Vorgang im Allgemeinen auffassen wollen. Dass die Thiere Erinnerung besitzen, bedarf keines Erweises, der Hund des Odysseus ist ein Beispiel dafür. Von den Vorstellungen der Thiere ist schon die Rede gewesen. Der Löwe, der in des Wärters Reinigungsstange beisst, und dieser Unart entwöhnt werden soll, indem man die Eisenstange bis zu einem bedeutenden Grade erhitzt, erhält eine so deutliche Vorstellung von der verderblichen Temperatur, dass er die Stange fürchtet wie den Tod. Erkennt man also in der Vorstellung eine Bethätigungsform des Denkens, so muss man auch den Thieren Denkfähigkeit zusprechen. Allein die Selbstbeobachtung zeigt, dass das Denken (im strengen Sinne) mit der Erinnerung nichts zu thun hat. Man kann sich

---

[19]) Anderwärts (Log. Unt. I. 68) nennt sie Trendelenburg im Anschluss an Aristoteles ein *Element* des Denkens, augenscheinlich mit Bezugnahme auf die oben angeführte Stelle der späteren Analytik II. 20. Aber da ist unter πρῶτον καθόλου doch wohl Grundlage, Stoff, Substrat des Denkens zu verstehen. Die Deutlichkeit hat durch Anwendung des zweideutigen Fremdwortes Element in keinem Falle gewonnen.

[50]) Doch liegt es nach Erdmann, Grundr. d. Log. §. 25, *in unserem Bewusstsein, dass Denken die Funktion ist, die den Menschen zum Menschen macht*, und worin nach Hegel Encykl. §. 19 Zus. *dessen Unterschied vom Thiere besteht*.

etwas genau einprägen, selbst ohne sich etwas dabei denken zu können. Ich entsinne mich, durch häufig wiederholtes Anhören einer längeren Stelle aus Job, welche einer meiner Stubengenossen laut in hebräischer Sprache memorirte, den ganzen Passus gleichsam wider Willen vollkommen richtig meinem Gedächtniss eingeprägt zu haben ohne eine Ahnung von Sinn, Bedeutung und Herstammung derselben.[51]) Ja, die Erfahrung lehrt, dass die Erinnerung ohne Hülfe des Denkens (zwar langsamer, aber) weit dauerhafter arbeitet, auffasst und behält, als mit derselben, weil sie sich im letzteren Falle mehr, als gut ist, auf die Mitwirkung des Denkens verlässt. Darum entschwindet uns der Katechismus und die Lieder, die wir, ohne sie zu verstehen, in der frühesten Jugend gelernt haben, unser ganzes Leben hindurch nicht wieder, während das meiste mit Verständniss und mit Hülfe des Denkens Gelernte, d. h. das durch das Denken schon Geordnete, uns mit der Zeit nur zu leicht wieder untreu wird, weil die Erinnerung, so zu sagen, es in den Fächern des Gedankenschrein's durch das Denken sicher genug geborgen glaubt.[52])

Die Vorstellung ist aber auch die Grenze, die der inneren Thätigkeit bei dem Thiere sowohl als bei dem Idioten und Mikrocephalen gesteckt ist. Ihr Vorstellungskreis ist so weit und so reich als der unsrige, aber sie wissen nichts damit anzufangen. Die bearbeitende Thätigkeit fehlt ihnen. Zwischen ihnen und den grössten Denkern liegen in langer Kette die Verschiedenheiten in

---

[51]) Erdmann, Gr. d. Psych. §. 99, erklärt die Vorstellung für *ein Denken, weil die Intelligenz . . . durch ihre eigene Thätigkeit einen Inhalt besitzt, welcher kein äusserlicher mehr ist.* Hier entsteht noch die Frage, ob die Erinnerung ein Werk der Spontaneität oder der Receptivität der *Intelligenz* ist, ein willkürlicher oder unwillkürlicher Akt, kurz, eine Thätigkeit oder ein Leiden. Nach den hier angeführten Beispielen bin ich sehr geneigt, das Letztere zu glauben; die Intelligenz gleicht hier dem Wachse, welches — und augenscheinlich ohne eigene Thätigkeit — das Bild der Münze als Inhalt empfängt und behält.

[52]) Plato Phaedr. S. 275 A.: τοῦτο γὰρ τῶν μαθόντων λήθην μὲν ἐν ψυχαῖς παρέξει μνήμης ἀμελετησία, ἅτε διὰ πίστιν γραφῆς ἔξωθεν . . . οὐκ ἔνδοθεν αὐτοὺς ὑφ' αὑτῶν ἀναμιμνησκομένους. Bezieht sich dies auch hier nur auf die Schrift, so ist die Parallele doch unverächtlich.

der Begabung dieses Vermögens. Der Dumme steht dem Thiere so viel mehr näher, als seine Fähigkeit geringer ist, die wuchtende Masse der Vorstellungen zu ordnen und zu bearbeiten.[53]) Weiter aber: da die Anschauungen Objekt und Bethätigungsstoff der Erinnerung sind, so können sie nicht Objekt des Denkens sein; ja das (streng genommene) Denken würde mit der blossen Anschauung schlechterdings nichts anzufangen im Stande sein, wenn sie ihm nicht von der Erinnerung bearbeitet und fixirt überliefert würde. Dass man aus der Anschauung eines Baumes unmittelbar keinen Begriff bilden kann, leuchtet ein. Ich kann auf einmal immer nur einen Baum anschauen, jetzt eine Weide, jetzt eine Eiche. Aber wo sollte der Begriff herkommen, wenn im Weitergehen von der Weide zur Eiche zugleich mit der Anschauung der Weide die Vorstellung davon aufhörte?

Was folgt hieraus? Dass das Denken die Anschauung nicht verwenden kann; dass also, wenn Trendelenburg Hegeln vorwirft, er habe dem Denken durch Zurückgreifen auf die Anschauung oder heimliches Einschmuggeln derselben fortgeholfen und neuen Stoff verschafft, dies entweder und mindestens ein Fehler im Ausdruck ist, oder aber, dass der Vorwurf innerlich unbegründet ist, sobald Anschauung bei Trendelenburg nicht anders als im eigentlichen Sinne genommen werden kann. Denn das Denken kann die Anschauung höchstens als Probirstein für die Richtigkeit der von ihm zu verarbeitenden Vorstellungen verwenden, zu sonst weiter nichts.

Die dialektische Negation.

Als die *logischen Mittel* der Dialektik, um *aus dem leeren Sein durch die Mittelglieder der zwischenliegenden Geschlechter hindurch die absolute Idee zu erzeugen*, werden von Trendelenburg (I. 43) die *Negation* und die *Identität* bezeichnet.

---

[53]) Rob. Reinick: *Wenn's Glück ihm günstig ist, was hilft's dem Michel?*
Steht er im Weizenfeld, fehlt ihm die Sichel.
Wenn's Glück ihm günstig ist, was hilft's dem Töffel?
Denn regnet's Hirsebrei, fehlt ihm der Löffel.

Die Negation besteht darin, dass der *eben erworbene Begriff durch seine eigene Natur in seine Negation umschlägt; inwiefern nun die nothwendige Aufgabe entspringt, das Positive mit dessen Negation zusammenzudenken*, soll dieser entstandene *Widerspruch durch einen dritten Begriff, den die Dialektik hervorbringt, gelöst werden. Bei einer tieferen Untersuchung verkehrt sich dieser positive Begriff wiederum in sein negatives Gegentheil, und dadurch wiederholt sich der beschriebene Vorgang einer neuen Geburt. Hiernach ist die Verneinung der treibende Stachel der ganzen Bewegung.*

Wir sehen zunächst von den Ausdrücken, *umschlagen, entspringen, hervorbringen, sich verkehren, Vorgang, Geburt, Bewegung* ab, welche alle den ganz unhegelschen Begriff der Bewegung in eine Welt von ruhenden, sich gleich gegenüberstehenden Begriffen und Beziehungen hineintragen, während die Bewegung in Wahrheit nur in dem Fortschritt des Lehrens und Lernens, nicht in der Sache selbst beruht, um zunächst dasjenige zu verfolgen, was Trendelenburg gegen den entwickelten Ideengang geltend macht.

Und da kann man ihm nur beistimmen, wenn er die Negation nicht als logische Negation (Widerspruch, contradictio) sondern als reale Opposition (Gegensatz, Oppositio contraria) auffasst. Hegel selbst[54]) und die Hegelianer haben diese Auffassung ausdrücklich für die ihrige erklärt (Log. U. I. 44 Anm. 3). Allein hier fällt sofort auf, dass die Inconsequenz im Ausdruck Hegel's nicht nur nicht gerügt, sondern selbst adoptirt wird, indem durchweg von Widerspruch die Rede ist, wo in Wahrheit nach der formalen Logik nur conträre oder reale Opposition stattfindet. Man kann geneigt sein, diese Ungenauigkeit für eine Bagatelle anzusehen, allein es wird sich bald finden, dass aus ihr allein die ganze Spukgestalt des *treibenden Stachels* entsprungen ist.[55]) Bei Trendelenburg zunächst entsteht die Frage,

---

[54]) Z. B. Logik I. S. 40: *dass das Negative ebensosehr positiv ist, oder dass das sich Widersprechende sich nicht in Null, in das abstrakte Nichts auflöst, sondern wesentlich in die Negation seines besonderen Inhaltes u. s. f.*

[55]) Vgl. Ulrici, Princip u. s. w. S. 51, 87 u. sonst.

ob sich die reale Opposition auf blos logischem Wege gewinnen lasse. Aber wie ist das anders möglich, wenn die Logik überhaupt von der realen Opposition etwas wissen, wenn sie diese Beziehung statuiren und mit ihr operiren soll? Wie würde die Logik die Negation an sich in jene beiden Unterarten scheiden können, wenn sie nicht aus sich zum Bewusstsein dieses Unterschiedes zu gelangen vermöchte? Vielmehr ist die Frage, ob die Logik das unterscheidende Charakteristikum der realen Opposition verwerthen kann; ob *das Neue*, was der Gegensatz *an die Stelle des Verneinten setzt*, für ein blos logisches Verfahren verständlich und verwendbar ist. Wenn in dem Gegensatz **weiss-schwarz** die Logik nichts weiter zu finden weiss, als dass **schwarz** nur eben **nicht weiss** ist, mit welchem Rechte trennt sie alsdann diese Negation von der blos logischen, contradiktorischen? Dann giebt es überhaupt nur **eine** Art von Negation und das *gesetzte Neue* ist ebenso unwesentlich und gleichgültig wie die ganze Unterscheidung. Dass also das **schwarz** mehr enthalten müsse als das **nicht weiss**, das muss der Logik aus sich selbst klar sein, und die Anschauung ist dazu nicht eben weiter nöthig, als sie der Logik durchweg nöthig ist. Aber: **was** nun Neues durch das **schwarz** gesetzt werde, das in der That kann die Logik aus sich selbst weder begreifen noch verwerthen, d. h. die Logik sieht und weiss die andersgeartete Beziehung, aber sie sieht und weiss nichts von dem realen Begriffe, der jener Andersartung zum Grunde liegt, und der in der That nur aus der Anschauung gewonnen werden kann. Hier erhellt zunächst der Grund der oben angedeuteten sprachlichen Inconsequenz. Ist das Ebengesagte richtig, so verschwindet in Wirklichkeit für die Logik, wenn sie fortoperiren soll, der Unterschied zwischen den beiden Arten der Negation. Wenn ich nicht weiss, was in dem Begriffe **schwarz** Neues liegt, so hat er für mein Wissen nicht um ein Haar mehr Werth als der Begriff **nicht weiss**.[56]) Aus diesem Grunde war es in der That gleichgültig, ob sich Hegel des Ausdruckes *Widerspruch* oder *Gegensatz* für seine Negation bediente.

---

[56]) Ulrici a. a. O.

Nun aber operirt Hegel wirklich fort; er bringt ein Neues, welches nach Trendelenburg eben nur jenes Neue sein kann, das die reale Opposition an Stelle des Negirten setzt; und wo bringt er es her? aus der *reflektirenden Vergleichung.*⁵⁷) Von diesen beiden Sätzen ist einer so zweifelhaft als der andere. Man prüfe nur das Beispiel, dessen sich Trendelenburg bedient und welches am nächsten lag, das Verhältniss zwischen Sein, Nicht und Werden, selbst angenommen, es seien dies *Begriffe*. *Das reine Sein setzt sich in das Nichts um . . . . es giebt also kein reines Sein, es ist Nichts. Das Nichts ist hier nur gewonnen, inwiefern das reine Sein des Denkens mit dem vollen Sein der Anschauung verglichen ist. Das Denken hat also etwas Anderes ausser der ersten Bestimmung in seinem Busen versteckt und gewinnt die neue Bestimmung durch reflektirende Vergleichung mit diesem unrechtmässigen Begriffe.* Nun wohl; dies Alles zugegeben, welches ist denn diese *neue Bestimmung?* Offenbar doch jenes *Andere*, welches die reale Opposition in ihrer Verneinung setzt, welches das Denken *in seinem Busen versteckt hat.* Dies also wäre das Werden.

Es ist schon auffallend, dass Trendelenburg nicht bis zu dieser Consequenz fortgegangen ist; er spricht nur von der *neuen Bestimmung*, nennt sie aber nicht beim Namen; man darf dabei nicht vergessen, dass er den Gedankengang Hegel's billigt, sobald man das Recht zugesteht, das *im Busen des Denkens versteckte Neue* wirklich einzuschmuggeln. Indessen zeigt die Beobachtung, dass alles Einschmuggeln nimmermehr auf das Werden führt. Das Nichts wäre nach Trendelenburg die Negation des Sein, d. h. die reale Opposition; ihr Wesen ist, dass sie ausser jenem Ne-

---

⁵⁷) Ulrici a. a. O. tadelt als das unrechtmässige Eingeschmuggelte die Beziehung des *Uebergehens*. Allein m. E. will Hegel unter dem Uebergehen nichts Anderes verstanden wissen, als was Ulrici selbst gleich darauf (S. 51) über das Verhältniss zwischen Identität-Position und Nichtidentität-Negation entwickelt; schärfer wird der Unterschied S. 56 gefasst, allein auch da erscheint er mir nicht als ein wesentlicher. Mit dem Vorwurf S. 57, dass die Hegelsche Methode *blosse abstrakte Bewegung* sei, kann ich mich nicht einverstanden bekennen.

giren ein Neues setzt; allein wer vermag zu beweisen oder auch nur zu behaupten, dass das Nichts das Werden im Busen versteckt halte? Selbst wenn man, abweichend von Trendelenburg, Sein, Nicht und Werden mit unseren früheren Erörterungen für blosse Beziehungen hält, so hat die Beziehung des Nichtseins schlechterdings nicht das Werden im Busen. In dem Gegensatz Eiche-sein und Nicht-Eiche-sein setzt die Negation allenfalls Weide-sein oder Ahorn-sein, oder was immer sonst als das Neue; aber nur in einem einzigen Falle das Eiche-werden, und ein so Vereinzeltes ist kein Allgemeines, d. h. Nothwendiges.

Wenn nun solchergestalt Trendelenburg der Dialektik durch Annahme der realen Opposition in der reflektirenden Vergleichung auch nicht einmal bedingungsweise vom Flecke hilft, wie ist ihr dann zu helfen? Wo kommt das Neue her, wenn es nicht das Neue der realen Opposition ist? Und unter welche Arten von Negation ist die Hegelsche zu rubriciren? — In Wahrheit: es ist der Dialektik eben nicht zu helfen; ihre Negation ist weder die logische, denn das soll und kann sie nicht, noch die reale, denn sie hilft zu nichts. Es ist ihr nicht zu helfen, weil sie eine immanente Entwickelung der Begriffe nur zu sein behauptet, in Wahrheit aber *ein leeres Spiel mit kahlen Beziehungen ist.*[58])

Denn um die Beispiele Trendelenburg's weiter zu betrachten, so führt in Ansehung des *Begriffes der Veränderung* (Log. U. I. 45) die kritische Betrachtung auf völlig dem vorigen gleichem Wege zum völlig gleichen Ziele. Sein für Anderes, Anderssein und Veränderung gehen dem Sein, Nicht und Werden parallel, sie stehen in ganz demselben Verhältniss. *Woher*, fragt Trendelenburg S. 46, *weiss das dialektische Denken, das für jetzt nur das Etwas betrachtet, durch dies Etwas von einem Etwas ausser der Grenze?* Sonderbare Frage! Könnte das Denken überhaupt das Etwas betrachten, wenn es nicht vorhanden wäre?

---

[58]) Vgl. beispielsweise Ulrici a. a. O. S. 85: *Es kommt darauf an, was unter dem Nichts verstanden wird.* Dies ist das Urtheil der dialektischen Methode. Eins und dasselbe in verschiedenem Sinne zu verstehen, ist, was Trendelenburg mit Recht das *leere Spiel mit kahlen Beziehungen* nennt.

Um aber vorhanden zu sein, muss es Grenzen haben; die Grenze wiederum ist nur denkbar durch und vermittelst eines andern Etwas, eines *Etwas ausser der Grenze;* wenn nämlich, wie Trendelenburg mit Recht sagt, die Grenze *ihrem Wesen nach ebensosehr ausschliessende Abwehr als Berührung ist.* Weiss ich von Keinem, das abgewehrt und berührt wird, so weiss ich auch von keiner Abwehr und Berührung, d. h. von keiner Grenze und damit überhaupt von keinem Etwas. Mit dem Etwas ist all' das zugleich gegeben.

Ohne Frage weiss also das dialektische Denken bei Betrachtung des Etwas, dass ein Etwas jenseit der Grenze existirt, nur vom Wesen dieses Etwas weiss es nicht; es weiss ὅτι ἦν, aber das τί ἦν entgeht ihm. Ist das aber nothwendig, um zu dem leeren Begriff (Beziehung) des Andersseins zu gelangen? Nimmermehr. Der Begriff der Grenze setzt zwei Etwas voraus, die sich in ihr berühren und abwehren. Das muss zugegeben werden. Diese ausschliessende Verschiedenheit nennt die Sprache Anderssein, gleichviel, welches der reale Inhalt jener beiden Etwas ist. Wie in aller Welt ist dazu die *reflektirende Vergleichung* nöthig? Ferner, dass dies Ausschliessungsverhältniss als Negation gefasst wird und zwar als reale Opposition, wer könnte das missbilligen oder widerlegen? Aber nun müsste nach Trendelenburg's Entwickelung das negirende Etwas ein Neues *im Busen* haben und setzen, ein Neues, welches denn der neue, durch den *treibenden Stachel des Widerspruches* zu Tage geförderte Begriff wäre, und dies müsste die Veränderung sein. Wie aber kann ein Etwas die Veränderung im Busen tragen? Wasser sei das Etwas, Luft das Andere, d. h. das Nicht-etwas. Nun kann doch der Begriff Anders- (als Wasser) sein ebenso gut das Erde-sein oder Feuer-sein im Busen tragen, als denjenigen des Sich- (in Luft) Veränderns, d. h. wir erlangen abermals eine vereinzelte Beziehung, die tausend anderen an Wahrscheinlichkeit des durch die Opposition Gesetzt-Werdens höchstens gleichsteht und somit für den immanenten dialektischen Fortschritt vollständig werthlos ist.

Es ist bemerkenswerth, dass Trendelenburg auch hier die

Consequenzen seiner eigenen Annahme, nach welcher die Entwickelung des Begriffes aus der realen Opposition (wenn auch nur mit Hülfe der reflektirenden Vergleichung und der Bewegung) möglich wäre, nicht gezogen hat; er wäre sonst auf das Ungegründete dieser Annahme gekommen. Aber die Erwähnung seiner Lieblingskategorie, der Bewegung, scheint ihn gleichsam davon abzurufen, auf einen anderen Tummelplatz, wo er gegen die alten, selbstgeschaffenen Schatten streitet; überall findet er Uebergang und Bewegung, wo Hegel nur sagt: *das Anderssein ist nicht ein gleichgültiges ausser dem Etwas, sondern sein eigenes Moment; Etwas ist durch seine Qualität hiermit erstlich endlich und zweitens veränderlich* u. s. w. Und was hülfe auch alle Bewegung, um den Begriff (Beziehung) der Veränderung zu erklären? Wie ist es möglich, dass das Etwas in das Andere *übergehe*, ohne mit der Grenze zugleich sein eigenes Sein und Wesen zu vernichten?

Nicht anders bei Gelegenheit der Repulsion (L. U. I. 48). Freilich: im Worte Repulsion liegt seiner Abstammung nach der Begriff der Bewegung. Aber das beweist höchstens, dass der Ausdruck unglücklich gewählt ist, zumal Hegel ja ausdrücklich bezeichnet, was er darunter verstanden wissen will, nämlich *negatives Verhalten* und *Beziehung*. Nun können sich aber Begriffe augenscheinlich zu einander verhalten und auf einander beziehen, ohne dass auch nur das Bild der Bewegung zum Verständniss solcher Verhältnisse erforderlich wäre. Diese Repulsion ist vollständig verständlich auch *ohne die begleitende Vorstellung der räumlichen Bewegung*, ja sie würde mit der letzteren schlechterdings nichts anzufangen wissen, wie oben bereits bemerkt worden ist.[59]) Genau ebenso verhält es sich mit dem Ausdrucke *Selbstzersplitterung*, auf den sich Trendelenburg I. 49 beruft. Freilich ist die Sprache Hegel's dunkel und schwer verständlich; denn was soll die *Beziehung des Negativen auf sich selbst* bedeuten? Das Negative soll jedenfalls heissen: die Negation des Etwas, d. h. also das Andersseiende; dies auf sich bezogen, (d. h. das

---

[59]) Damit wäre denn auch die Erörterung Log. Unt. I. S. 49—50 widerlegt.

Andersseiende des Andersseienden) ist das Fürsichseiende, das Eins. — ein langathmiger Cirkel, für den weit kürzer und deutlicher gesagt werden konnte: Wir nennen das Etwas in seiner Coordination zu anderen Etwas das Eins. Aber da ist keine Zersplitterung. Der Flügelmann einer Compagnie ist im Verhältniss zu seinen Kameraden ein blosses Eins. Aber inwiefern wird dadurch der Begriff seiner als des Eins zersplittert? Auch warum die *Beziehung des Negativen auf sich selbst* nicht *negative Beziehung*, nicht *Unterscheidung* sein soll, ist nicht abzusehen, da doch Beziehung des Negativen unter allen Umständen negative Beziehung, d. h. Unterscheidung ist, es mag sich beziehen, worauf es wolle. Der wahre Fehler Hegel's beruht vielmehr auch hier auf der Vermengung ganz verschieden gearteter Beziehungen. Die beiden Etwas heissen nun die beiden Eins; niemand kann leugnen, dass sie sich von einander unterscheiden — wohlverstanden: ein Eins unterscheidet sich von einem Eins; aber hieraus zu folgern, dass sich das Eins von sich selbst unterscheide, heisst allen Regeln des Denkens Gewalt anthun; denn dort ist das Eins in concretem Sinne genommen, hier im abstrakten; dort bezeichnet es das Einzelne, das Individuum, hier den allgemeinen Begriff; dort mit einem Worte steht es singularisch, hier pluralisch."[°°]) Und der Erfolg sind jene Thesen, die allem Denken und Verstehen so schnurstracks zuwiderlaufen; dass sich etwas von sich selbst unterscheide, von sich selbst repellire, sich in ein Vielfaches seiner selbst zersplittere. Nirgends in der Welt der Erscheinung und Erfahrung finden wir ein Analogon für diese tiefsinnig scheinenden Paradoxen; aber mit welchem Rechte will sich der Gedanke den Gesetzen der allgemeinen Weltordnung entziehen? Und wie sollen wir ihm zu folgen vermögen, da alle Möglichkeit der Verständigung eben in jenen allgemeinen Gesetzen beschlossen ist?

[°°]) Hier schlägt der Vorwurf ein, den Ulrici, Syst. d. Log. S. 109 Hegeln macht, dass er *die Natur des Unterschiedes verkenne*. Dasselbe Objekt nämlich sei darin, worin es positiv es selbst sei, zwar zugleich relatives Nichtsein des Andern; beides aber sei keineswegs an sich einerlei.

In der That war gerade hier das Spiel mit leeren Beziehungen zu augenfällig, als dass Trendelenburg es hätte ignoriren können, für den ja doch die Widerlegung der dialektischen Methode nur Werth hat, soweit sie seinen eigenen positiven Kategorien (Bewegung u. s. w.) zu Gute kommt. In Kap. 7, bei der Entwickelung der *Gegenstände a priori aus der Bewegung und der Materie* betrachtet er noch einmal das Eine, das Andre, das Viele, Veränderung, Repulsion und Attraktion. Hier kommt er denn hinsichtlich der dabei angeblich obwaltenden Identitäten zu einem unserem obigen sehr nahe verwandten Ergebniss; er nennt die Identität der Eins unter einander oder des Eins mit dem Andern eine *lediglich in die Betrachtung, nicht in die Sache fallende; aus einer solchen Identität einer nach einer einzigen Seite hingerichteten Vergleichung kann die Identität der Repulsion und Attraktion nicht folgen;* (I. 296) sagen wir mehr: es kann gar nichts daraus folgen; *die vielen Eins,* sagt Hegel, *sind gleich, inwiefern sie alle dieselbe ausschliessende Thätigkeit üben,* und Trendelenburg setzt hinzu: *die beschränkende, eine einseitige Betrachtung einführende Conjunction inwiefern warnt vor der Annahme einer Gleichheit des Wesens;* wo aber Gleichheit des Wesens fehlt, Beziehung überhaupt des Wesens, da kann sich offenbar nichts Wesentliches entwickeln. So lange sich daher die Dialektik nicht damit begnügt, etwa blos Methode und Entwickelung der Beziehungen zu sein, kann man ihr eine durchgehende und immanente Bedeutung für die Welt der Begriffe nicht zugestehen. *Eine solche Dialektik* nennt Trendelenburg (I. 299) mit Recht *ein krauses Arabeskenspiel abstrakter Begriffe* (Beziehungen) *und das Geschnörkelte und Verschlungene giebt den Schein des Tiefsinnigen her.* Anderswo (II. 271) heisst der sogenannte *dialektische Fortschritt ein willkürlicher Wechsel der Vorstellung, ein Wechselspiel. — Zunächst heisst es: das Einzelne ist allgemein; sodann aber: das Einzelne ist nicht allgemein.* Dies ist nichts weiter als eine *gemachte Schwierigkeit*, ein Widerspruch, der keiner ist, und der zu nichts treiben und führen kann.

Ueberall aber ist es nicht zu billigen, dass Trendelenburg Hegeln den fremden Begriff der Bewegung unterschiebt, von dem

Hegel nichts sagt, oder wenn er etwas sagt, nur durch eine mangelhafte Ausdrucksweise äusserlich einen Gedanken verwirrt, der seinem Wesen nach nichts mit der Bewegung zu thun hat.

Man kann es sich ersparen, die Werthlosigkeit der sogenannten dialektischen Negation durch weitere Beispiele zu verfolgen (I. 51). Ueberall stellt sich auf dem nämlichen Wege das nämliche Resultat heraus; dass sich Widersprüche, wie sie die Dialektik an ihren Stoffen herausfindet und herauskehrt, um sich selber damit gewissermassen anzuspornen, an jedem Begriffe in seinen Beziehungen auffinden zu lassen; dass diese eigenthümliche Natur des Begriffes immerhin als Stoff zu einer tiefsinnigen Betrachtung mag dienen können; dass aber diese Widersprüche aus blossen Beziehungen mit der Negation, logischen wie realen, schlechterdings nichts zu thun haben und zur Erkenntniss, geschweige denn Entwickelung der Begriffe nichts beitragen, weil aus blossen Beziehungen der Dinge ihr Wesen nicht ergründet werden kann, man mag nun Anschauung, Vergleichung oder Bewegung zu Hülfe nehmen.

Wäre sich Hegel, so klar er sich darüber war (vgl. Encycl. §. 81), dass seine Negation nicht blosse logische sei, in der Consequenz hieraus eben so klar gewesen, dass sie mithin keinen *Widerspruch* involvire; hätte er sich also diese geringfügig aussehende sprachliche Ungenauigkeit nicht zu Schulden kommen lassen, so hätte er, da sich seine Dialektik ohne einen solchen Stachel nun einmal nicht forthelfen kann, sie entweder ganz aufgegeben, oder einen besseren Stachel auffinden müssen; ob sich ein solcher finden liesse, ist eine Frage für sich. Trendelenburg lässt (I. 56) zwischen den Zeilen lesen, dass er durch den *realen Gegensatz* die dialektische Entwickelung der Begriffe für möglich, wenn auch nicht für ein Eigenthum des *reinen Denkens* halte; ob mit Recht; ist eines Andern Sache zu entscheiden.

Die Identität.

Bei der Betrachtung der Identität geht Trendelenburg dem schon mehrfach nachgewiesenen Fehler, dem Spiel mit Beziehungen, am nachdrücklichsten und geradesten zu Leibe; er nennt sie gleich (I. 59) eine *nackte Beziehung des vergleichenden Denkens*; und dieser Entschiedenheit ist es zu danken, dass man zu Trendelenburg's Einwendungen kaum ein Wort zusetzen kann, welches etwa ein neues Streiflicht auf die Mängel der Dialektik zu werfen vermöchte. Ein Wort erschöpft sie (I. 57): die Identität ist *in ihrem Grunde nichts als die Reflexion der logischen Gleichheit;* d. h. sie ist das Vorhandensein einer [1]) gemeinschaftlichen Beziehung zwischen zwei Begriffen, aber sie erscheint nur *im Resultate als die reale Einheit;* d. h. die Folgerung realer Einheit aus jener vereinzelten Beziehungseinheit ist eine Scheinfolgerung, ein Widersinn.

Erstes Beispiel hierfür ist die Gewinnung des Begriffs Unendlichkeit. Das Etwas setzt nach Hegel das Andere voraus. Das Andere ist im Verhältniss zu jenem Etwas selbst ein Etwas, und jenes Etwas ist sein Anderes; diese Beziehung, die man (wenn man fortwährend neue Etwas in Betracht zieht) fortwährend fortsetzen kann, in der That ohne Ende, nennt Hegel die *schlechte Unendlichkeit*. Man kann sie sich veranschaulichen als eine gerade Linie oder eine Zahlenreihe ohne Ende. Aber was ist damit gewonnen? Ist damit die Unendlichkeit denkbar geworden? So wenig, als die endlose Gerade denkbar oder darstellbar ist. Für die eine undenkbare Beziehung ist eine andere gegeben, die bei näherer Betrachtung sich als genau dieselbe herausstellt, nämlich als Un-End-lichkeit. Mit Trendelenburg's Worten: *Jedes eigenthümliche Kennzeichen erlischt; und es ist unter dieser Voraussetzung gleichgültig, ob man das Eine oder das Andere das Andere des Anderen nennt; diese nackte Beziehung geht den Gedanken der Sache nichts an. Es wird daraus nichts, denn es schwebt die Vergleichung hoch über der Sache. Es ist das Nichtssagendste von der Welt.* Hier ist nichts weiter hinzuzufügen.[2])

Weiter: da das Etwas zugleich das Andere ist, so geht es

---

[1]) Vgl. Log. Unt. I. S. 60: *In dieser Beziehung ist allerdings Identität da, aber nur in dieser Beziehung.*

[2]) Weitere gegründete Einwürfe gegen diese *sehr schlechte* Unendlichkeit b. Ulrici, Princip u. s. w. S. 98.

im Uebergang in das Andere mit sich selbst zusammen; diese Beziehung im Uebergehen und im Anderen auf sich selbst ist die wahrhafte Unendlichkeit, veranschaulicht durch die in sich zurückkehrende Linie, den Kreis. Aber diese *kahle Vergleichung begründet nimmer die wunderbare Thatsache der Schöpfung, dass sich etwas in seiner Veränderung erhalte und verwirkliche.* Das Etwas ist nur in der einzigen Beziehung zum Anderen das Andere; real gefasst, ist das Andere mit dem Etwas schlechterdings nicht identisch, es geht also im Uebergehen in das Andere keineswegs mit sich, sondern mit einem Etwas zusammen, das nur in einer gleichen Wechselbeziehung mit ihm steht, in der nämlich, *dass am Ende Alles ein Etwas ist* (Log. Unt. I. S. 61). Aber auch in Absicht auf diese neue Beziehung ist Hegel's Schluss fehlerhaft, wie Fischer (Syst. d. Log. S. 83) und Ulrici (Princip etc. S. 99) nachgewiesen haben. Hegel selbst (Philos. Abhdlgen S. 257) sagt, erst *wenn die Entgegensetzung eine reelle ist, ist Eins ins Andere überzugehen fähig*. In der That ist erst dieser reelle Uebergang Veränderung, bei Hegel aber ist er nicht erklärt, vielmehr geht *der Verlauf ins Unendliche in gerader Linie fort. Das Unendliche bleibt die Wiederholung, die schlechte. Nirgends biegt sie sich in sich zurück . . . . Die grossen Begriffe des Ganzen und der in sich zurückkehrenden Bewegung innerhalb dieses Ganzen* sind durch eine solche *hin- und herfahrende Reflexion* der Erkenntniss auch nicht um ein Haarbreit näher gebracht. Das Beispiel des *Selbstbewusstseins* ist in seiner Beweiskraftlosigkeit von Trendelenburg erschöpfend klargestellt. Ueberdies: wie soll der Satz Hegel's zu verstehen sein: *Das Selbstbewusstsein bezieht sich auf ein Anderes?* Wenn es auch Subjekt und Objekt zugleich ist, so ist es doch immer ein und dasselbe, nur in verschiedenen Beziehungen angeschaut; *es entwickelt sich an dem Gegenschlag des Gegenstandes und wird in sich zurückgeworfen*, d. h. von den Gegenständen ausser ihm, sie auffassend und erkennend, zurückgeworfen, trifft es auf sich selbst und setzt sich — ein unaufzuklärender Vorgang — zu ihnen in Gegensatz. Dies Geheimniss wird kaum jemals ergründet werden können; die Dialektik bringt den suchenden Geist hier auch nicht um einen Schritt voran; *die ausgehöhlte Identität der Vergleichung ist auch hier so ohnmächtig wie ein Kind, das gegen den Sturm anspricht.*

Es folgt das Beispiel von Nothwendigkeit und Freiheit. Hegel gestattet sich hier die grössten Gedankensprünge. Die Wirkung als solche ist Gesetztsein. Aber das Gesetztsein ist zugleich Unmittelbares, und indem die Ursache wirkt, setzt sie voraus. Es ist sofort klar, dass das Gesetztsein im ersten Falle etwas ganz Anderes bedeutet als im zweiten, wenn man nicht unter Gesetztsein die kahle Beziehung des Vorhandenseins versteht. Dann freilich setzt die Wirkung das Vorhandensein voraus, und das Vorhandensein kann aus einem anderen, nämlich dem entgegengesetzten Gesichtspunkte als das Unmittelbare betrachtet werden. Soll aber im ersten Satze Gesetztsein soviel heissen als Gewirkt-, Hervorgebracht-sein, so kann nicht fortgefahren werden: das Gesetztsein ist zugleich Unmittelbares, denn es ist eben durch das Setzende, die Ursache, vermittelt.⁶³)

Trendelenburg hat sich mit der Erörterung des alten Fehlers an diesem Punkte nicht aufgehalten, weil er ihn an Spitze und Ziel des ganzen Gedankenganges nachweisen will. Aus jener haltlosen Identität zwischen Ursache und Wirkung folgert Hegel, dass, was als zwei Ursachen erschien, an sich nur eine Ursache sei, und dass, was in der Ursprünglichkeit als Wirkung angesehen worden, in Wahrheit erst durch eine Gegenwirkung gesetzt sei, mithin eine Ursprünglichkeit nicht bestehe. (Hier haben wir wieder das Ei und die Henne.) Dieser reine Wechsel mit sich selbst ist die enthüllte Nothwendigkeit. Soll das *enthüllt* den Hintergedanken haben, dass die Vorstellung der Nothwendigkeit im gewöhnlichen Sprachgebrauch nur die *verhüllte* Nothwendigkeit sei, so mag das sein Wahres haben. Die Bedeutung der letzteren als des Durch-Anderes-bestimmtwerdens hat die des ersteren insofern in sich verhüllt, als der Gedanke der Wechselbeziehung und des progressus in infinitum (vor dem Trendelenburg I. 67 mit Spinoza warnt) hinzutreten muss, um so Richtung und Umfang der ur-

---

⁶³) Vgl. Erdmann, Grundr. d. Log. §. 27 Anm.

sprünglichen Beziehung nicht sowohl zu verändern als zu erweitern. Aber diese Erweiterung, dieser progressus in infinitum trägt zum Verständniss des Begriffs Nothwendigkeit rein gar nichts bei, im Gegentheil, er verdunkelt ihn, und in diesem Sinne ist die enthüllte die erst recht verhüllte Nothwendigkeit. Und wie wird nun die Identität dieser Wechselwirkung und der Freiheit als des Sich-selbst-Bestimmens, des Nicht-gewirkt-Seins hergestellt? Die Substanz stösst sich in unterschiedene selbständige ab; da ja aber diese wiederum Substanzen sind, so bleibt die Substanz in jener Wechselwirkung zwischen ihr und den (von ihr abgestossenen) selbständigen Substanzen bei sich selbst. Wo aber in aller Welt bleibt dann eben jene Selbständigkeit der abgestossenen Substanzen? Wo bleibt mein eigenes Selbst, wenn meine Mutter, oder wenn die Materie, die mich von sich abgestossen, in mir bei sich selbst bleiben soll? Ist nicht der Begriff des Selbst der der allerausschliessendsten Einzelheit? Man kann Trendelenburg nur beistimmen, wenn er diese Identität für eine *höchst formale Gleichstellung* erklärt,[64]) *für die abstrakteste Reflexion, allenthalben anwendbar, wo sich etwas regt.* In der That *besitzt auch das geknechtete Volk* das, was *die Dialektik an dieser Stelle Freiheit nennt.* Denn es ist ebenso Substanz als der Despot, der es knechtet, und es giebt zu seinen Fesseln die Hände, zu seinen Ruthenstreichen den Rücken her; aber wer möchte sagen, dass Jener in solchem Wirken mit sich zusammengehe, wo ein Ludwig XVI. die Sünden seiner Väter trug? Und auch da war die Wirkung der Despotie auf sich selbst eine sehr fakultative, denn

---

[64]) Erdmann, Grundr. d. Log., vertheidigt die Identität bei Gelegenheit des Etwas gegen den Vorwurf eines ihr zu Grunde liegenden Sophismas. Dasselbe verschwinde, sobald man bedenke, dass es sich um die Gedankenbestimmung handle, nicht um einen bestimmten Gegenstand. Wo in aller Welt wären dann aber zwei Gedankenbestimmungen, und wären es die heterogensten, welche nicht von einem gewissen Gesichtspunkte aus identisch wären. *In der dünnen Luft der Abstraktion,* sagt Haym (Hegel u. s. Z. S. 116), *wird alsdann die wahre Bestimmtheit des Begriffs unsichtbar und im Moment seines Verschwindens wird ihm ein anderer, zunächst ebenso unbestimmter und unerkennbarer untergeschoben u. s. w.*

hat sie stets zu Revolutionen geführt? In Wahrheit sind Herr und Knecht ganz heterogene Substanzen, wenn sie auch beide unter den Begriff Substanz fallen. Begriffliche Einheit ist doch noch lange nicht Identität. Mit Recht auch hat Trendelenburg gerügt, dass jenes *Mitsichzusammengehen* und *Beisichsein* den Begriff der *bewussten That* (nicht wirklich enthalte, sondern nur) *entlocke, verdecke und verstecke*. Denn die bewusste That beruht nicht auf der Wechselthätigkeit zwischen mir und dem Objekt meiner Thätigkeit, sondern auf der zwischen meinem Wissen und meinem Thun.

Trendelenburg prüft endlich noch die Identität an dem Uebergang vom subjektiven Zweck zur Idee. Wir folgen ihm hier nicht weiter, einmal weil vom Zweck noch besonders die Rede sein wird, dann aber auch weil es überflüssig ist, die einmal aufgestellten Punkte an den einzelnen Schritten der Dialektik wiederholend durchzunehmen. Gewonnen ist auch hier der Einblick in den alten Mangel der dialektischen Methode, in die Verwendung verschiedengearteter (d. h. nach verschiedenen Richtungen sich äussernder) Beziehungen als gleichartiger (d. h. in derselben Richtung sich bethätigender); [65]) mit Trendelenburg's Worten: *Jene Identität ist keine reale, nur eine logische der Reflexion, keine prägnante, sondern eine matte und flache, wie eine äusserliche Vergleichung*; keine wirkliche, kann man hinzufügen, sondern eine einseitige und gemachte.

Dialektische und genetische Entwickelung.

Wir übergehen die minder wichtigen, zum Theil schon besprochenen Einwürfe Trendelenburg's gegen den progressus in infinitum, die Unmittelbarkeit und den immanenten Zusammenhang und wenden uns einer Kernfrage zu: wie nämlich die dialektische und genetische Entwickelung *der Sache* sich zu einander verhalten.

---

[65]) Log. Unt. II. S. 62: *In einer anderen Beziehung ist etwas Zweck, in einer anderen mehr Mittel.*

Dass sie nicht eins sind, findet Trendelenburg zuerst (Log. Unt. I. 79) und definirt mit Recht nach Hegel die dialektische Bewegung als *die Entwickelung, welche darin bestehe, dass der Gegenstand nothwendig die in ihm liegenden Bestimmungen*[66]) *heraussetzen müsse*. Dass aber, wiederum nach Hegel, *die sogenannte genetische Betrachtung den Gegenstand nur darstellen soll, wie er aus den veranlassenden Ursachen hervorgehe*, das reizt seinen Widerspruch zu Gunsten der *offenbar herabgedrückten* genetischen Betrachtung. Vielmehr stehe diese *mitten in dem vollen Grunde der Sache und lasse die armseligen veranlassenden Ursachen dahinter*. Weiterhin (Log. Unt. I. 81) wird die dialektische mit der ewigen, die genetische mit der zeitlichen Entwickelung gleichgesetzt, und hier ergiebt sich denn, dass Trendelenburg überhaupt nur von ein er Entwickelung wissen will. Denn soll *das Ewige in dieser Verbindung das Nothwendige bedeuten* (und das soll es), so sei *das Nothwendige nur dann energisch und also nothwendig, wenn es das Zeitliche regiere und nicht dem Zufall überlasse. Sollte nun das Zeitliche anders werden, so müsste für dies Verhältniss im Ewigen eine Bestimmung gefunden werden, das würde sagen: im Dialektischen eine Bestimmung für das Genetische*. Dieser Einwurf hat etwas Blendendes, allein näher betrachtet, so ist auch hier die Beziehung des Werdens widerrechtlich in die ewige Entwickelung hineingetragen. Das Ewige kennt kein Werden, und wenn in dem Wort Entwickelung seiner Abstammung nach die Beziehung des Werdens schlummert, so ist höchstens das Wort unglücklich gewählt oder die arme Sprache bietet kein erschöpfendes.[67]) Die ewige Entwickelung ist nur insofern eine solche, als sie nur stufenweise unserm endlichen Verständniss sich klar machen kann; an sich ist sie die ewig feststehende Welt der ewigen Beziehungen und Begriffe, von denen sich schlechterdings keiner in Wahrheit aus

---

[66]) *Was in der Sache selbst liegt.* Erdm., Gr. d. Log. §. 18.
[67]) Erdmann, Gr. d. Log. §. 17 Anm. 4 u. 5: *Der Begriff der Ewigkeit, den schon Spinoza richtig gefasst hat, hat mit der Zeit gar keine Verwandtschaft. Aehnlich spricht die Mathematik von dem, was (nicht zeitlich genommen) aus dem Früheren folgt und meint dabei das ewige Folgen.*

dem anderen entwickelt. *Der ewige Ursprung des Staates* ist gar kein wirklicher Ursprung; *er liegt in der sittlichen Natur des Menschen*, heisst nichts weiter als: er ist mit ihr zugleich; sie stehen und fallen zusammen; die sittliche Natur ist nicht etwa früher (was zum wahren U r s p r u n g des Staates nothwendig wäre), sondern sie ist zugleich mit dem Staate, sie ist selbst seine ewige Existenz. Der zeitliche Staat, dieses sterbliche Ding, ist ein ebenso begrenztes, schwankendes und problematisches als die sittliche Natur der zeitlichen Menschen, unter denen sich die grössten Bösewichter und die auch moralisch beschränktesten Völker finden. Wäre die zeitliche Sittlichkeit der ewigen gleich, so gäbe es freilich keine *Räubereien*, aus denen der zeitliche Staat entstehen könnte, und er wäre dann zugleich mit der Menschheit vorhanden. Dass er nicht vorhanden war, ja stellenweise noch ist, beweist, dass er bedingender und veranlassender Ursachen bedarf; und wenn er immer und überall aus derselben *That des Sittlichen* entsprang, warum ist er so verschiedenartig ausgefallen und hat sich in den äussersten Extremen der Freiheit und der Knechtschaft bewegt? Beweist aber dies Alles nichts, so verfolge man eine Gedankenreihe, die Trendelenburg selbst anderwärts (L. Unt II. 20) angesponnen hat. Da wird der Staatskörper seinen Gliedern entgegengesetzt; da heisst es ausdrücklich, dass das Ganze früher sei als die Glieder:[68]) dass diese nur im Ganzen *Bestand und Leben* haben. Wie denn aber? Kann der zeitliche Staat früher sein als seine Glieder, die zeitlichen Menschen? Nimmermehr; es kann also nur von dem *ewigen* Staat und seinen ewigen Gliedern die Rede sein. Da hätten wir denn, uns ganz der concreten Betrachtungsweise Trendelenburg's anfügend, nichts Anderes, als was Hegel behauptet: in der ewigen Entwickelung ist der Staat, das Ganze, auch das prius, in der genetischen, zeitlichen sind es die Einzelnen, die Glieder. In Wahrheit freilich ist das ewige Ganze nicht früher, sondern zugleich mit seinen Theilen, was die aristotelische Ausführung a. a. O. nicht nur nicht umstösst, sondern geradezu bestätigt. Aristoteles ist mit seinem *früher* hier

---

[68]) Speziell vom Staate sagt dies schon Aristoteles Polit. I. 2.

ebenso einseitig als Roscellin. Und warum – dies fällt von Neuem auf — warum ist das Beispiel Trendelenburg's vom Staat das einzige nicht aus der Mathematik entlehnte? Einfach, weil die Mathematik in der Schwierigkeit eben der Entwickelung ihrer Begriffe die bequemste Brücke bot, ewige und zeitliche Entwickelung zu confundiren. Wir haben gesehen, dass die sogenannte *Entstehung* z. B. der geometrischen Grössen gar keine wirkliche Entstehung ist. In Wahrheit sind vielmehr diese Grössen da, ohne sich von einander ableiten zu lassen. Das letztere, wahre Moment haben sie mit der dialektischen, das erstere hätten sie mit der genetischen Entwickelung gemein. Aber diese Identität einer Wahrheit und eines Wahnes beweist nichts für die beiden Entwickelungsmethoden.

Es zerfiele mit dem Nachweis, dass die ewige Entwickelung Entwickelung nur heisst, nicht ist, Alles, was Trendelenburg dagegen sagt, in Nichts, wenn man nicht einwenden könnte, dass unter dialektischer Entwickelung ja auch eben jener allmähliche Weg verstanden sein könne, auf dem die ewige Welt der Begriffe dem sterblichen Geist sich verständlich macht;[69]) allein auch dieser Weg müsste nach Trendelenburg der genetischen Entwickelung parallel gehen. Indess: er thut es nicht. Die Wirklichkeit besteht durch ein *untrennbares Ineinander* der Substanzen, Accidentien, Begriffe und Beziehungen, deren fortwährendes Trennen und gewaltsames Auseinanderhalten das Denken ist;[70]) von den sterblichen, fehlerhaften, unvollkommenen Dingen aus schwingt sich das Denken zu dem ewigen Begriff auf, der sich in ihnen entäussert hat, ihr Vater ist, als Urbild sie als seine Abbilder erzeugt.[71]) Der ewige Staat war früher als die endlichen, sie sind nur seine theilweisen Verwirklichungen; aber welches Denken wusste etwas vom Begriff des Staates, diesem ewigen Staate, ehe Anschauung und Vorstellung mit seinen endlichen Schattenbildern vertraut geworden waren? Trendelenburg verargt es der Dia-

---

[69]) Ausgesprochen schlägt Trendelenburg's Untersuchung in diese Frage um Log. Unt. I. 88.
[70]) Haym, Hegel u. s. Z. S. 314.
[71]) Log. Unt. I. S. 88 Anm. 3.

lektik (I. 85), dass sie das Ethische vor dem Göttlichen d. h. ohne dasselbe betrachte. Es ist der alte Vorwurf. Ist das Göttliche früher oder das Ethische? Oder sind beide zugleich? Wenn aber in der Endlichkeit das Göttliche früher als das Ethische war, wo kam es her? Doch aus der Offenbarung,[72]) cum grano zu verstehen. Und an wen hat sich diese gewandt? Doch nicht an das Denken, sondern an den Glauben, d. h. an das Gefühl. Im Gegentheil hat das Denken immer mit der Offenbarung im Kriege gelegen. Aber wie kann das Denken zum Göttlichen gelangen? Einzig und allein mit Hülfe der Ethik. Wenn die Gesinnung, so folgert das Denken, aus alledem nicht stammt, was ich bis hierher, bis zum Bewusstsein von der Gesinnung, mir selbst erschlossen habe, so muss Etwas sein, das aller Schlüsse spottet; von dem ich nichts weiter schliessen kann, als dass es ist, und dass meine Gesinnung von ihm herstammt. Dies nennen wir das Göttliche. Die ganze Natur redet so deutlich nicht von ihm, als *der Funke davon in der eigenen Brust*. Seiner ist auch das Denken gewiss und nur vom Gewissen aus (in schönem Doppelsinn des Wortes) kann es einen Blick ins Ungewisse wagen. Denn wenn, wie Trendelenburg (I. 86) sagt, *das Denken voraneilt und in der Auffassung Gottes seinen tiefsten und heiligsten Gegenstand hat*, so fragt man billig, wem es voraneilt? Sich selbst — und wie will es in die tiefsten Tiefen dringen ohne durch das Seichte zu gehen? Und ohne dem Glauben ins Handwerk zu pfuschen? *Um im Handeln ganz zu sein und sein ganzes Wesen abzudrücken*, mag der Mensch immerhin dieses oder jenes nöthig haben; aber hier ist nicht vom Handeln die Rede, sondern vom Denken und vom Sein. Die Logik sucht keinen ethischen Kanon, sondern Wahrheit und Erkenntniss.

Dass freilich Hegel's Entwickelung und Erklärung des Sittlichen nicht genüge, darin wird man mit Trendelenburg ohne Zögern übereinstimmen.[74]) Aber welche Philosophie wird eine

---

[72]) Wie immer die Religionen entstanden sein mögen, der Glaube der Völker hat sie stets auf Offenbarung zurückgeführt. Ein interessantes Beispiel vgl. man b. Plato, Protag. S. 322 C.

[73]) Denn wenn *mein Denken das allein für mich Verpflichtende* ist

genügende dafür finden? Auf keinem philosophischen Felde ist der Streit der Meinungen so umfassend, so heiss und hoffnungslos.[74]) Das Sittliche wird, inwiefern es ausschliesslich Sache des Gefühls ist, dem Denken immer unübersteigliche Grenzen entgegenstellen. Nur zugleich mit dem Göttlichen ist es zu erkennen, und wird die Philosophie jemals in das Wesen des Göttlichen einzudringen vermögen?

Noch haben wir einen Einwurf abzufertigen, der allerorten gegen die Hegelsche Philosophie besonders betont wird, und der sich gegen die Parallelisirung des dialektischen Ganges mit demjenigen der Geschichte der Philosophie richtet. In der That ist diese Parallelisirung leicht zu widerlegen; in der That ist sie von Hegel behauptet, ja ihre Durchführung versucht worden. Aber was will das weiter sagen? Das Princip Hegel's, dass die ewige Entwickelung einen anderen Gang gehe als die zeitliche, ist dadurch nicht widerlegt, vielmehr bestätigt. In Wahrheit ist jener Parallelisirungsversuch nicht sowohl eine Anwendung des Grundprincips als vielmehr geradezu ein Abfall davon.[75]) Die Inconsequenz, an einer Stelle Gleichmässigkeit nachweisen zu wollen, wo durchweg Ungleichmässigkeit herrschen soll, war wohl als Inconsequenz zu rügen, aber das Princip erschüttert sie nicht.

Es muss dabei verbleiben (und dies modificirt die Erörterungen Log. Unt. I. 89 ff.), dass Trendelenburg nur Recht behält, wenn die dialektische Entwickelung der Begriffe den Weg bezeichnen soll, den der menschliche Verstand durch die Welt der Begriffe einzuschlagen hat; wenn Erkenntnisse a priori solche sein sollen, die in unserem Verständniss der Erfahrung vorauf gehen; hat aber

---

(Hegel, Phil. d. Rechts §. 136), so ist Sittlichkeit höchstens vom Philosophen zu fordern und zu erwarten.

[74]) Vgl. v. Kirchmann, Grundbegr. d. Rechts u. d. Moral. Phil. Bibl. Bd. XI. und das Princip des Sittlichen in Lindau's Gegenwart. Jahrg. 1873 Nr. 32 ff.

[75]) *Die Methode ist offenbar sich selbst untreu geworden*, Ulrici, Princip u. s. w. S. 78. Ein Abfall, der freilich in der Quelle der Hegelschen Philosophie aus Hegel's eignem Geiste seine Begründung hat nach Haym's überzeugendem Nachweis, Hegel u. s. Z. S. 320 ff.

Hegel, wie ich ihn verstehe, unter der Dialektik nur den Kreis der Beziehungen und Begriffe verstanden, der in sich durch ein ewiges und unabänderliches Verhältniss seiner Glieder zu einander geschlossen ist, das Denken mag sich ihm nun nähern, von wo aus es wolle; hat er mit Erkenntnissen a priori Erkenntnisse von Begriffen bezeichnen wollen, die früher sind als wir sie Begreifenden;[76]) ist die vermeintliche Bewegung in seiner Methode nur ein durch unser beschränktes, von Begriff zu Begriff fortkletterndes Verständniss hinzugebrachtes Aeusserliche, so fällt dieser Vorwurf Trendelenburg's wie die übrigen, jenen ausgenommen, der die auf äusserliche und ungleichartige Beziehungen gegründeten Consequenzen für nichtige erklärt.

Der Zweck.

Der Zweckbegriff darf die Spitze unserer Erörterungen bilden, weil in ihm Trendelenburg und Hegel sich begegnen. Wir haben gesehen, dass Hegel von den Kategorien nichts wissen will, auf denen Trendelenburg's ganzes Philosophiren beruht; umgekehrt ergab sich, dass Trendelenburg der Hegelschen Dialektik ihre Hauptstützen so zu sagen unter den Händen wegzuziehen versucht hat. Den Zweckbegriff dagegen erkennen beide als wirklich, wesentlich und wichtig, wie sehr auch immer Trendelenburg gegen Hegel's Ableitung desselben polemisiren möge; denn *es kommt dabei auf die Strenge der Ableitung und nicht auf den Schein des Ergebnisses an*, des Ergebnisses, in dessen Statuirung sich eben Hegel und Trendelenburg die Hand reichen.

Um jene Polemik kritisch zu betrachten, genügt es, die Hauptpunkte aus Hegel's Ableitung des Zweckes herauszugreifen. Blosse Ursache und Zweck stehen sich als Erzeugende gegenüber; dies macht sich zunächst im Chemismus geltend (L. U. II. 57), wo sich Stoffe zu einer *höheren Bildung verbinden*. Die Frage

---

[76]) Dann bezeichnet in der That *der ganze Kreislauf der Dialektik Erkenntnisse a priori* (Log. Unt. I. 90) und da ist nichts Widersinniges. Vgl. Al. Schmidt, Beleuchtung u. s. w. S. 114.

entsteht: ist der Begriff dieser höheren Bildung bei seiner Erzeugung mit thätig oder nicht? Im ersten Falle würde der Chemismus schon *ein teleologischer* sein, und der Zweck müsste sich schon im Uebergang vom Mechanismus zum Chemismus finden. Im zweiten Falle ist gar kein Zweck ersichtlich, sondern der neue Begriff ist aus der blossen, blinden, veranlassenden Ursache hervorgegangen. Dass der Chemismus ein teleologischer sei, kann, wie Trendelenburg bemerkt, *Hegel's Ansicht nicht sein; auch ist es sonst nicht Ansicht der Wissenschaft*. Man muss ihm darin beistimmen, aber es wird sich bald zeigen, dass Trendelenburg damit seinem eigenen Zweckbegriff den Todesstoss versetzt. Denn freilich: indem Prozesse in Produkte und Produkte in Prozesse übergehen und so fort bis in's Unendliche, so mag man von dieser Beobachtung aus als einer Warte nach allen Seiten ausschauen: der Zweck kommt nicht zum Vorschein; denn dazu müsste dargethan werden, dass ein Produkt in den Prozess umschlage, welchem es selbst sein Dasein verdankt; wenigstens müssten und würden die logischen Untersuchungen sich hiermit begnügen. In der That *läuft also der unendliche Prozess des Chemismus haltlos fort*. Aber wenn nun auch irgendwie das Trendelenburgsche Postulat hineingebracht würde, wenn wirklich ein Produkt sich fände, welches der Prozess seiner eigenen Erzeugung wäre, ist denn damit der Zweckbegriff erschöpft? Ist er mit Trendelenburg's Erklärung erschöpft, dass er die Wirkung als Ursache ihrer selbst sei? Das wird sich entscheiden, wenn wir den vermeintlichen Unterschied zwischen *innerem* und *äusserem Zweck* betrachten, den Trendelenburg für das Zwischenglied der Dialektik zwischen Chemismus und Organismus ausgiebt. *Wie soll sich*, so fragt er (L. U. II. 59), *aus der Negation des Chemismus der äusserliche, d. h. der menschliche Zweck hervorbilden?* Die Frage ist überflüssig; sie hat nur den Werth, das Heterogene der allgemeinen physikalischen Erscheinungen mit dem Zweckbegriff für die unmittelbare Auffassung in seiner schärfsten Steigerung zu zeigen; wenn dann zum äusseren Zweck fortgeschritten wird, so wird sich bald ergeben, dass eine solche Spaltung des Zweckbegriffes eine rein willkürliche ist. Zwar: dieser sogenannte äussere Zweck schwebt allerdings bei Hegel ebensosehr in der Luft als der innere, die Idee. Jener, weil in der That der Begriff einmal subjektiv, als Denkform im Denken nur des Individuums, dann aber als der objektive unendliche, über den Individuen, dem Denkenden ebenso hoch als über der Sache, dem Angeschauten und Vorgestellten, schwebende gedacht wird. Wenn wir auch dem letzteren unbedingte Macht über die ihm gegenüber selbstlosen Objekte mit Hegel zugestehen wollten, so folgt nicht dasselbe für den subjektiven, obwohl es immer noch consequenter erscheint, wenn ein endlicher Begriff zu endlichen Objekten in Beziehung tritt, aus denen er notorisch geflossen ist, als der unendliche, von dem wir nur gleichsam schliessend ahnen, dass er an der Entstehung der Objekte betheiligt sei. In jedem Falle ist hier in Hegel's Gedankenfortschritt eine Lücke, die Trendelenburg mit Recht rügt.

Und nun die Idee, der innere, den Erscheinungen immanente Zweck? Sie fusst auf dem Begriff, und es ist bereits dargethan, auf wie schwachen Füssen dieser steht. Er soll das Beisichbleiben der Substanzen im Uebergehen in andere und in der Wechselwirkung mit anderen Substanzen sein. Wir wissen schon, dass dieses Beisichbleiben ein Wahn ist, ein ganz erfundenes und gemachtes Wiederfinden des Begriffes in der Sache, welches für die Erkenntniss nicht nur unfruchtbar, sondern überhaupt gar nicht einmal nöthig ist. Denn dass der Begriff sich selbst in der Sache wiederfinde, ist blos eine eigenthümliche Wendung unserer Sprache, aber gar kein logisches Postulat. Sein Sein in den Dingen ist sein ganzes erschöpftes Sein, ohne Dinge ist er nicht, und ewig kann er nur genannt werden, insofern man ein ewiges Vorhandensein von Dingen annimmt. Vielmehr beruht sein Wesen darin, dass wir (die wir ja auch als Gattung ewig sind) ihn in den Dingen wiederfinden. Indessen sei dem, wie ihm wolle; allewege ist unerfindlich, wie jene vage Verdünnung des Begriffes in eine leere Beziehung zu der *Macht über den Inhalt des Daseins* gelange, die der Zweckbegriff involvirt. Denn wenn wir nicht Zweck und Begriff (wie Hegel ja auch nicht will) vollständig identificiren, so mag der Begriff Baum sich herleiten, woher er wolle, er wird

nimmer aus sich selbst zu einem wirklichen Baum sich realisiren
können; und könnte er es auch, so ist selbst damit nicht erwiesen, dass der Baum mittels des Zweckes, nicht blos der wirkenden Ursache erwachsen sei. Denn der Begriff als Denkform
ist dem Zweck als einer Denkthätigkeit (siehe unten) ebenso
heterogen als etwa das plus und minus dem thätigen Rechnen.
Schliesslich vollendet sich der Zweck bei Hegel zur Idee, d. h.
zum Selbstzweck, indem der erreichte Zweck wiederum Mittel
wird. Das Leere dieser Ableitung ist schon zur Sprache gekommen:
*in einer anderen Beziehung ist etwas Mittel, in einer anderen
Zweck.* Selbstzweck aber bedeutet Zweck, der sein eigenes Mittel,
und Mittel, das sein eigener Zweck ist. Hiervon hat Hegel nichts
erwiesen, und seine Idee ist nicht Idee in dem versprochenen
Sinne.

Allein, wie schon angedeutet, Trendelenburg's eigener Zweckbegriff ist keineswegs unanfechtbar. Denn der Zweck ist, wie
schon Spinoza behauptet[77]) und Kant erwiesen hatte, mehr als
blos die Wirkung als Ursache ihrer selbst; und es lässt sich
zeigen, dass die Trennung eines äusseren und inneren Zweckes
nicht zu Recht besteht, und dass auch Trendelenburg's Zweckbegriff nicht mit der Macht ausgestattet ist, die er am Hegelschen
vermisst, mit der Macht über den *realen Inhalt des Daseins.*

Die Wirkung als Ursache ihrer selbst ist nämlich deshalb
noch nicht Zweck, weil sie noch nicht das bewusste Wirken involvirt. Die blosse Ursache, und wenn sie tausendmal sich selber
wirkt, hört darum doch nicht auf, blosse Ursache sein; erst wenn
sie mit Bewusstsein vom Resultate ihrer Wirkung wirkt, wird sie
zum Zwecke. Darum ist der Zweck an das Wissen und Denken
und mit diesem an das wissende und denkende Individuum ge-

---

[77]) Spinoza, Eth. Pars I. App. (I. S. 219 ed. Bruder). Ich sage: behauptet, weil Spinoza seinen Beweis auf die so mannichfach angefochtenen
Grundsätze seines Systems zurückführt (vgl. z. B. *haec doctrina Dei perfectionem tollit; nam si Deus propter finem agit, aliquid necessario appetit
quo caret*); während Kant nur an den allgemeinen Menschenverstand
appellirt.

bunden.⁷⁸) Ein frei für sich seiender Zweck ist ebensosehr ein Widersinn als ein *frei für sich seiender Gedanke*, von dem Trendelenburg L. U. II. 58 spricht. Ein Gedanke hat nur Realität, soweit er gedacht wird, ein Zweck, nur soweit bezweckt, d. h. denkend gewirkt wird. Der Zweck ist unablöslich an die Erfahrung gekettet.⁷⁹) Ich verfolge einen Zweck mit diesen oder jenen Mitteln nur, weil und wenn mich die Erfahrung belehrt hat, dass diese Mittel als Ursachen diesen Zweck als Wirkung schon früher hervorgebracht haben. Verfehlte Zwecke lassen immer mit Sicherheit auf einen Mangel in der Erfahrung schliessen; ihre Grenzen sind gemeinschaftlich. Aber nach Hegel und Trendelenburg kann es gar keine verfehlten Zwecke geben, weil sie von einer solchen Beschränkung der Macht des Zweckes nichts wissen wollen. Der Zweck ist also in der That, wie Kant sagt, von uns entlehnt, eine subjektive Denkform, die wir erst in die Welt der Erscheinungen hineintragen.⁸⁰) Damit erschliesst sich auch die Willkürlichkeit der Scheidung des Zweckes in einen *inneren* und *äusseren*. Aus unserer Erfahrung haben wir den Zweckbegriff entlehnt und tragen ihn nun als *inneren* in die Schöpfung hinein, ohne zu bedenken, dass er dort gar keine Erfahrung zum Grunde haben kann, man mag sie vom pantheistischen oder monotheistischen Standpunkte aus betrachten. Das Auge erscheint uns, wie Trendelenburg Log. Unt. II. 2 ff. so schön ausführt, als das par excellence zweckmässige Organ; aber warum?

---

⁷⁸) *Der Zweck ursprünglich Gedanke.* Ulrici, Syst. d. Log. S. 409. Warum ursprünglich? Nicht schlechthin? (S. 406 ff.) — *Das Denken kommt zum Vorschein, der alte Meister, dem am Ende, damit er die Bewegung regiere, mit dem Begriffe des Zweckes die Zügel anvertraut werden.* Fischer, Syst. d. Log. §. 66, 6. Kant, Kritik der Urtheilskraft S. 62 (d. Kirchm. Ausg.) verlangt den Begriff eines Willens und behandelt (S. 265) die Epitheta *nach Zwecken handelnd* und *verständig* als gleichbedeutend.

⁷⁹) Hegel, Encykl. §. 21 Zus.: *dabei* (bei den Zwecken) *denken wir darüber nach, wodurch wir dieselben erreichen können. Der Zweck ist hier das Allgemeine, das Regierende, und wir haben Mittel und Werkzeuge, deren Thätigkeit wir nach dem Zwecke bestimmen.* Vgl. Hobbes, on human nature cap. 4.

⁸⁰) Kritik d. Urtheilskraft S. 21, 32 u. sonst.

Blos weil wir kein besseres, zweckmässigeres kennen. Ist damit gesagt, dass es nicht in Wirklichkeit noch zweckmässiger sein könnte? Kant drückt dies so aus: *wie wir die Möglichkeit einer solchen Causalität der Natur nach Zwecken gar nicht a priori einsehen können, so können wir eigentlich auch nicht die Zwecke in der Natur als absichtliche beobachten.*[1]) Denn es fehlt der denkende Geist, der dort bezweckte oder beabsichtigte. Wer wollte denn eine gewusste Wirkung hervorbringen, als das Auge erzeugt wurde? Man sage nicht: Gott. Denn dann sind wir auf dem längst als unhaltbar erkannten Standpunkt des teleologischen Beweises für das Dasein Gottes angelangt. (Auch schlagen hier für den so Antwortenden die Gegengründe Spinoza's ein.) Die Philosophie weiss zunächst nichts von Gott, und mag der Glaube über solche Gottlosigkeit zetern, so darf und muss sich die Philosophie darüber hinwegsetzen. Thatsache sind gewisse Beziehungen in der Natur, Wirkungen aus gleichen Ursachen. die zu gleichen Wirkungen dienen; es wiederholt sich wie in unserer beschränkten Erfahrungswelt. Aber wenn wir hier diese Erscheinung als Zweck bezeichnen dürfen, ist es mehr als eine blosse Analogie, wie Kant sagt, sie auch dort als solchen zu betrachten? Und woher nimmt denn nun der Zweck seine Macht? Wie ist er im Stande eine Wirkung zu erzeugen, die er als gewirkt vorher anschaute? Einfach: seine Macht ruht lediglich in seinem Wissen; sie ist also gar keine Macht. Die Verbindung der wirkenden Ursachen und Mittel ist Sache anderer Kräfte, sein Zuthun besteht nur in dem Wissen, dass diese Mittel und keine anderen zu dieser Wirkung beitragen. In Wahrheit sind nicht die Mittel dem Zweck unterthan, sondern umgekehrt: der energische Zweck ist machtlos, wenn ihm die Mittel fehlen. Darum bleiben so viele Zwecke so

---

[1]) So citirt Trendelenburg. Ich habe nur eine ähnlich lautende Stelle auffinden können: Krit. d. Urth. S. 278. Sie lautet: *denn da wir die Zwecke in der Natur als absichtliche nicht eigentlich beobachten, sondern nur in der Reflexion über ihre Produkte diesen Begriff als einen Leitfaden der Urtheilskraft hinzu denken, so sind sie uns nicht durch das Objekt gegeben. A priori ist es sogar für uns unmöglich, einen solchen Begriff, seiner objektiven Realität nach, als annehmungsfähig zu rechtfertigen u. s. w.*

weit hinter ihrer völligen Verwirklichung zurück, obgleich sie im Vollbesitz jener abstrakten, nur scheinbaren Macht, des Wissens um die nothwendigen Mittel, waren; sie bleiben zurück, weil die Mittel rebellirten, und gegen diese Auflehnung die sogenannte Macht des Zweckes völlig machtlos ist. Und dies richtet sich noch mehr gegen den inneren Zweck; dort auch begegnet einer hemmend und aufhebend dem anderen, und wenn dies geschieht, ist es auch Zweck? Oder ist die Schwäche der Endlichkeit an diesem Punkte — wer kann sagen, wie? — in's Gebiet des Ewigen übertragen? Unlösbare Widersprüche!

Freilich: das Gefühl sagt sich schwer von manchem Ideale los, welches der Gedanke vernichtet. Herz und Verstand liegen in ewigem Streite, aber im Reiche der Logik führt der Gedanke das Wort. Was vor seinem Richterstuhle nicht Stich hält — mag es die Menschheit trösten und erfreuen — Erkenntnisswerth und logische Wahrheit hat es nicht.

* * *

Wenn wir zurückblickend uns der Ergebnisse unserer Erörterung erinnern, so schliessen wir uns an Trendelenburg überall da an, wo er die dreifache Achillesferse der Dialektik angreift: die in's Unmögliche fortgesetzte Abstraktion, die Verwechselung zwischen Beziehung auf dasselbe und Beziehung auf Anderes und die Confusion von Beziehungen und Begriffen als Solchen, die sich unter und aus einander sollen entwickeln können.

Aber wir müssen es abwehren, wenn Anschauung und Bewegung als heimlich eingeschmuggelte Krücken der dialektischen Methode sollen nachgewiesen werden; wenn behauptet wird, dass mit ihnen die Dialektik nun ihrer Absicht genugthun könne, ja dass überhaupt die Einheit des Seins und Denkens durch die logischen Untersuchungen erwiesen sei.

———

(Diese Untersuchungen, indem sie häufig von Meistern abweichen, indem sie Alles zu prüfen und das Beste zu behalten suchen, sind sich selbst die Erklärung schuldig, dass sie für weiter nichts gelten wollen, als für eine eigene Ueberzeugung und ein Resultat eigenen Nachdenkens. Dieses Resultat kann nur den Kräften angemessen sein; es muss sich trösten in dem Bewusstsein, dass eigene Ueberzeugung, und wäre sie noch so irrig, mehr werth ist als hundert nachgeschwatzte unumstössliche Wahrheiten. Das Geschäft der Philosophie der nächsten Zukunft wird voraussichtlich darin bestehen, das Ueberkommene zu verarbeiten, zu sichten und Vieles, Vieles wegzuwerfen. Man meint oft bei'm Studium der neueren Philosophie, Kant's Kritiken seien gar nicht geschrieben worden, so sehr ist über sie hinaus-, aber damit auch wieder hinter sie zurückgegangen worden.

In jedem Falle: auch der Weiseste kann irren; auch die Weisesten haben geirrt. Und man kann mit einem Weisen, einem Lehrer verschiedener Ansicht sein, und doch erkennen (d. h. dankend verstehen), was man seiner Lehre — in doppeltem Sinne — schuldig ist.)

Der Verfasser ist geboren zu Neisse am 18. October 1845 als einziger Sohn eines Kreisgerichtsraths, protestantischen Glaubens, besuchte die Elementarschule seiner Vaterstadt, die gelehrten Anstalten zu Krotoschin, Schroda, Schulpforte und Breslau (Magdalenaeum), die Universitäten Breslau, Berlin und Halle, mit mehrfachen Unterbrechungen durch Militärdienst und vierjährige Thätigkeit als Hauslehrer, absolvirte das Examen pro fac. doc. im November 1873, das philos. Rigorosum im Juli d. J. und übernahm am 1. October d. J. provisorisch eine Lehrerstelle am Königl. Gymnasium zu Lissa.

Für geistige, gesellschaftliche und materielle Förderung sei hier öffentlich der innigste Dank ausgesprochen den Herren Geh. Reg.-Rath Dr. Schneider in Berlin, Geh. Sanitätsrath Dr. Lachr in Zehlendorf, Professor Dr. Hermes in Steglitz, Director Prof. Ziegler in Lissa, Director Dr. Volkmann in Elberfeld, Dr. Schottmüller in Zehlendorf, sowie den Herren Professoren Rossbach, Hertz, Braniss, Bernays in Breslau, Curtius, Droysen, Harms, Hübner in Berlin, v. Holtzendorff in Heidelberg, Erdmann, Ulrici, Dümmler, Keil in Halle.

Den zu früh Vollendeten: Professoren Koberstein, Haase, Haupt, Trendelenburg, Steinhardt, Director Dr. Schönborn, Justizrath G. A. Scholtz ein dankbares und wehmüthiges *„havete, care animae!"*

THESEN.*)

I.
Selbstliebe ist der einzige ursprüngliche Grundtrieb des Menschen. (Erster Deputirsatz des Joseph Wiehrl 1780. — Vgl. Michl, Kirchengesch. Bd. II. Ad §. 99 b.)

II.
Die εὐδαιμονία kann nicht das Fundament der Ethik bilden.

III.
Mit Unrecht wird in des Horatius XIV. Ode des I. Buchs nach dem Vorgange des Quintilian unter dem Bilde des Schiffes der römische Staat verstanden.

IV.
Gegen die allgemeine Annahme ist mit Peter (Tabellen zur Griech. Gesch., 2. Aufl. S. 132) die Schlacht bei Ipsus in's Jahr 300 v. Chr. zu setzen.

---

*) An Stelle des leider verhinderten Herrn Dr. Braxator ist Herr Cand. jur. Hugo Laehr aus Berlin gütigst als Opponent eingetreten.